unmut

© 2022 Maurice Graft
Umschlaggestaltung, Grafik, Layout: Dimitrije Andrijević
Korrektorat: Elena Lach

Herstellung und Verlag: BoD - Books on Demand, Norderstedt

ISBN: 978-3-7557-9498-1

Das Werk, einschließlich seiner Teile, ist urheberrechtlich geschützt. Jede Verwertung ist ohne Zustimmung des Verlages und des Autors unzulässig.

Entschuldigt den Unmut.

	Vorwort	8
Kapitel 01	Tremor	10
	Ich, Du, Er, Er, Er	12
	Randnotiz	16
Kapitel 02	Zart aber empört	20
	Geschwängert	22
	Budern	26
	Bauingenieurwesen	30
	-	34
	Kleiner Bär	36
	Wie der Hase hoppelt	38
Kapitel 03	Ins offene Messer	64
	Schlagworte	66
	Irgendwie deplatziert	70
	Brüche	74
	Aus heiterem Himmel	82
Kapitel 04	Unmut	86
	Rock Bottom	88
	Bühnentexte (Männer, lol)	100
	Bürger:innenmut	104
	Hieb- und Stichfest	108
	Unmut	114

Vorwort

Wer wirst du sein, wenn du wieder zurück zu dir selbst findest?
Wenn der Wandel der Zeit in geschriebenes Wort gegossen wurde, wenn die Wechseljahre vergangen und die weiten Wege schon lange beschritten sind?

Wer wirst du sein, wenn die harte Schale zerfällt und den Platz räumt für schonungslose und radikale Selbstakzeptanz?

Bist du zart oder bleibst du empört, oder ist es dann doch das gewisse Etwas von allem, das dich ausmacht?

„Unmut" ist mehr als nur der Ausdruck von Empörung, Missfallen und Verstimmung.

Unmut ist auch Tathergang, Affekt, Vorsatz und Beschluss in einem. Er ist Fragestellung und Problemlösung gleichermaßen.

In 17 Texten illustriert Unmut nicht nur, wie er zustande kam, sondern auch, wie er ganz plötzlich, aus heiterem Himmel beschloss, sich für immer zu verabschieden.

Unmut ist der dritte Teil der „Wechseljahre"-Serie und bringt damit zu Ende, was nie begonnen werden wollte.

Der Unmut ist vergangen und löst sich selbst in Wohlgefallen auf.

01 // Tremor

Ich, Du, Er, Er, Er

Ich krame mich durchs eigene Gedächtnis,
um draufzukommen,
wo du abgeblieben bist,
was von dir geblieben ist
und komm' nicht ganz drauf.

Krame durch meine Kisten,
durch Kleinod,
das wenige, welches von dir geblieben ist,
während ich mich frage,
wo du abgeblieben bist.

Bei mir ist beileibe kein Stein auf dem anderen geblieben,
seitdem ich aufgehört habe, dich zu lieben.

Ich hab' mir erlaubt,
es niederzuschreiben, in zahlreichen Zeilen,
um mich mitzuteilen
in Zeiten, zu denen ich zahlreiche Gedanken zerdenke,
um draufzukommen,
wo du abgeblieben bist,
was von dir geblieben ist
und trotzdem komm ich nicht drauf,
aber ich zeige dir meine Zeilen ja nicht.

Ist auch nicht dringlich,
es drängt mich nicht zu wissen, wie die Gedanken in deinem Gedächtnis klingen.
Denn das sind die Geschichten, die ich schreibe - da bedrängt mich deine Wenigkeit weit weniger als gedacht.

Wie ist das bei dir?
Was ist geblieben, seitdem du aufgehört hast, mich zu lieben?
Wie viel Kleinod, wie viele Gedanken zum betreffenden Thema, wie viel hast du noch im Gedächtnis, wenn du dir erlaubst, bedächtig zurückzudenken?

Oder denkst du einfach nicht, weil es einfacher ist?
Dachte ich mir doch, du Trantüte!
Ich danke dir trotzdem.

Bis zum nächsten Mal,
wenn ich durchs Gedächtnis krame,
um draufzukommen,
wo du abgeblieben bist,
was von dir geblieben ist
und nicht gleich drauf komme.

Denn weißt du was?
Ich weiß es schon wieder.

Randnotiz

Du ziehst Wände aus Ziegeln hoch, die sich nicht dazu eignen, in Brand gesteckt zu werden, die zu massiv dafür sind, in Schutt gelegt zu werden, deren Fundament so tief reicht, dass es mir unmöglich ist, sie jemals zu untergraben.

Verwirrst mich weiterhin mit deinen Finten, mit Scheingefechten, die du denkst, immer noch mit mir führen zu müssen.

Legst voll von Ignoranz den Schulterblick ein, wohl wissend, dass es das ist, was mich am meisten schmerzt und beschließt damit, auf dem Ground Zero unserer Beziehung Pirouetten zu drehen.

Bedrängst mich mit deiner Feindseligkeit, obwohl ich ohnehin schon im Abseits stehe.

Du strafst mich ab für das, was zwischen uns war und wirbelst den Staub auf, der von den Trümmern unseres Luftschlosses liegen geblieben ist, der dafür gedacht war, für immer in Vergessenheit zu geraten.

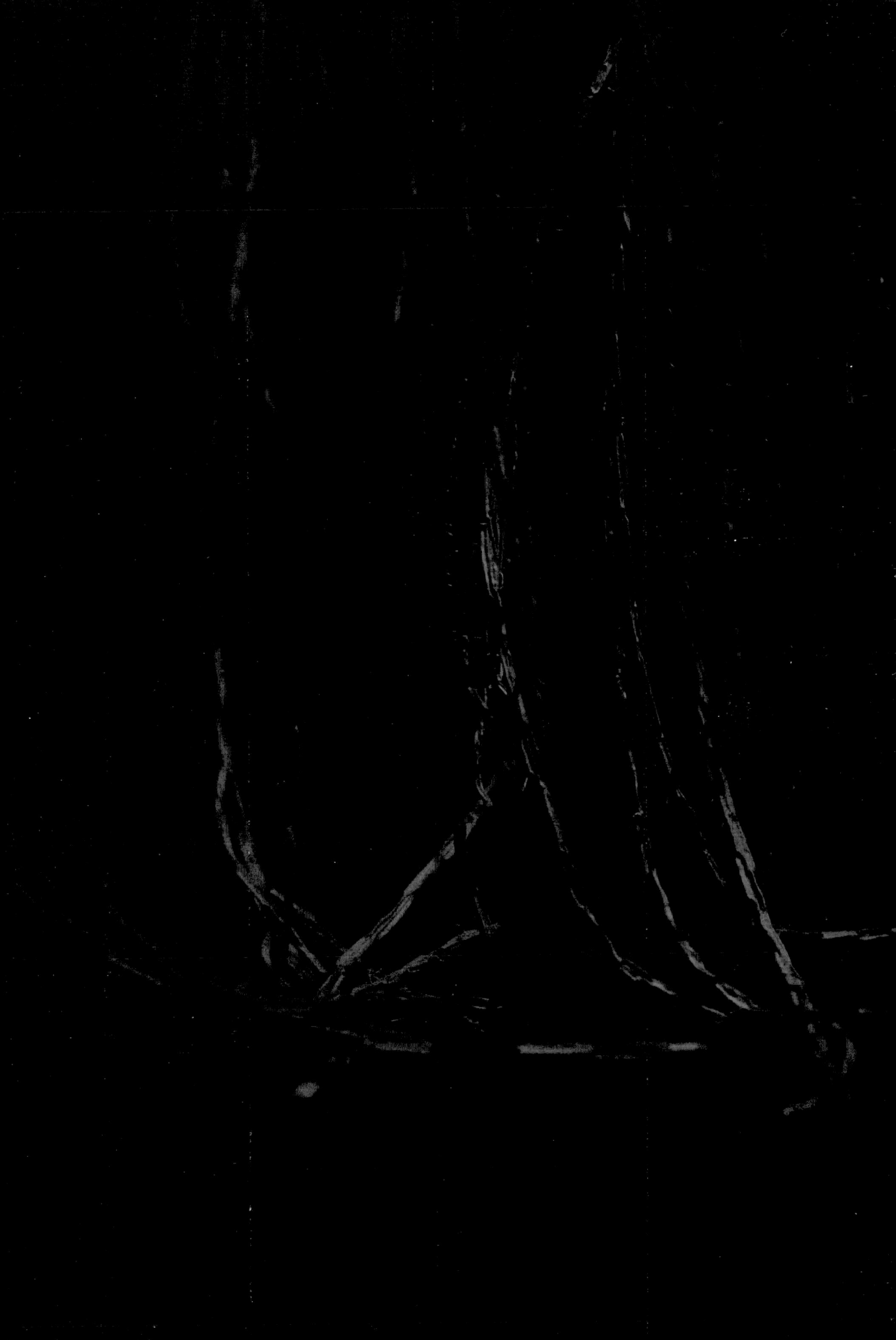

Das alles, während ich bereits beschlossen habe, mir den Schmutz von den Schultern zu klopfen und meine schwieligen Hände zu versorgen.

Aus deinem Schatten zu treten, über meinen eigenen zu springen, um niemals mehr zurückzuweichen.

Weil ich beschlossen habe, mein eigener Held in unserer Geschichte zu sein.

Weil ich mir selbst einen neuen Anstrich verpasst habe und endlich im neuen-alten Glanz erstrahle.

Und den wirst du mir nicht mehr nehmen.

02 // Zart aber empört

Geschwängert

Die Luft hier drin ist geschwängert mit Schön.

Da hängt ein bisschen was von dir
und ein bisschen was von mir
über uns in der Luft herum.

Milde Essenzen unserer Ausdünstungen,
aus all unseren Poren ausgeströmt und
da oben gesammelt,
da oben versammelt,
um uns ein wenig berauscht
beim Beischlaf zu beobachten.

Ein Gemisch aus
ruhigem Blut,
freudvoller Erfüllung
und Ausfluss aller Art.
Aus holistischer Sättigung,
systemischer Zufriedenheit
und Auszügen unseres Innersten,
in dem wir uns wälzen.

Ein Panorama, welches durch
wüste Wohnlandschaften,
ausgedehnte Tiefenlinien,
nie zur Neige gehende Zenite
und in letzter Instanz
vor allem durch dich und mich besticht.

Da hängt ein bisschen was von dir
und ein bisschen was von mir
über uns in der Luft herum.

Und die Luft hier drin ist geschwängert mit Schön.

Budern

Wir könnten auch einfach tanzen,
anstatt uns um das Chaos hier zu kümmern.
Könnten unbekümmert barfuß durch die Trümmer tanzen
und uns verschanzen, wo niemand uns findet.

Furchtlos die Waffen fallen lassen,
die Kleinkriege sein lassen
und uns einlassen auf Momente,
die sich einprägen, um niemals wieder zu verblassen.

Die Angst mal ad acta legen,
Hand auflegen,
uns zueinander legen
und nicht mehr bewegen,
für zwei endlose Momente der Unendlichkeit.

Die Einsamkeit zurücklassen,
um ohne Neid zu erblassen,
ob der schönen Dinge,
die man sieht,
die man fühlt,
die man riecht,
die man schmeckt und entdeckt.

Die Arme enger schlingen als jemals zuvor
uns gegenseitig besingen und beklatschen,
uns betatschen und selig ansehen - bis der Tag anbricht.

Die nackte Wahrheit anpacken
und absacken an Orte,
an denen man ohne das Gegenüber noch nicht war.
Dort verweilen und sich teilen, ohne je etwas zu verlieren.

Einfach mal abtauchen und aufbrauchen, was ohnehin nie zur Neige geht.
So wie diese zwei Momente der Unendlichkeit.

Bauingenieurwesen

Mit einer schlechten Entscheidung zu viel,
setz' ich alles aufs Spiel, was mir wichtig ist.

Und mit einem Mal, so ganz unvermittelt und ohne Vorwarnung, schüttle ich den Tremor aus dem Ärmel und bringe unsere gesamte Welt damit ins Wanken.
Streue Salz auf das flüchtige Fundament aus dünnem Eis, auf dem alles gründet, was wir heute haben.

Unachtsam mit meinen eigenen zwei linken Händen in Form gegossen, in Ermangelung an Gedanken daran, dass Beständigkeit eines Tages das Wesentlichste sein könnte, das ich mir für uns wünsche.

Aber weißt du, gebrannte Kinder denken mitunter nicht weiter, als diese eine Armlänge Abstand, auf die wir alles halten, was uns zu zart berühren und uns daran erinnern könnte, dass wir in Ordnung sind.
Und wir strecken uns selten weiter, als bis zu unseren wenig durchdachten Decken, die sich durchbiegen, wie das schief lächelnde Mundwerk eines jeden Statikers, der diese Schande hier zu begutachten hat.

Gewohnt daran, dass alles, was wir anfangen, früher oder später mal kracht, gehen wir stets mit dem Kopf durch die Wand. Aber diese hier ist dein Werk und so schlage ich ihn mit aller Gewalt immer wieder dagegen, bis mir wieder einfällt, was zur vielzitierten Hölle da in mich gefahren ist, so achtlos zu sein. Nur um am Ende festzustellen, dass es mir doch dauerhaft entfallen ist.

Und mit einer schlechten Entscheidung zu viel, setz' ich mal wieder alles aufs Spiel. Aber heute weiß ich, dass du es bist, der mir wichtig ist.

Und wenn ich könnte, wie ich wollte, ich würde von Grund auf neu beginnen.

Ich würde alles niederreißen,
im Zweifel schweißen, anstatt zu schrauben,
im Glauben daran,
dass das die tragfähigere Variante ist.

Nie weiter als eine Armlänge entfernt würde deine Rechte meine zwei linken Hände flankieren und das Einzige was sich biegen würde, wäre dein schief lächelndes Mundwerk, während du begutachtest, wie ich verdrießlich darum bemüht bin, Stabilität zu Stande zu bringen.

Aber ich würde massiver bauen als jemals zuvor, mit dem Gedanken daran, dass Beständigkeit heute das Wesentlichste ist, das ich mir für uns wünsche.

Verlier kein Wort, keinen Gedanken, keine Sekunde.
Geh weiter, als wäre nie was gewesen.
Schieb die Zweifel beiseite und bleib niemals stehen.

Entmachte die Erinnerung, mach uns vergessen.
Zermalme uns zwischen den Zähnen der Zeit,
und bleibe unberührt, von dir und mir und dem was war.

Schaufle uns ein Grab, sechs Meter und noch tiefer.
Dann lass uns dich und mich verschütten.
Wir wollen verrotten, werden konturlos, unpräzise und ungreifbar.

Vernichte alles, was von uns geblieben ist.
Setz den Keller unter Wasser, den Dachstuhl in Brand,
dann lass den Wind sein Übliches tun, um jedes verbliebene Andenken
für immer zu verwehen.

Schieb alle Zweifel beiseite und bleib niemals stehen.

Kleiner Bär

Trotz sternenklarer Nacht kann ich deinen Stern nicht mehr am Himmel stehen sehen.

Ich weiß nicht mehr, wie du riechst, wie du schmeckst, wie du den Kopf schüttelst, wenn du lachst.

Du bist in der Nacht verloren gegangen, in der ich dich stehen gelassen habe. In der ich dir deine Privilegien zurückgegeben und dich von dannen ziehen habe lassen.

Und mit dir habe ich mein Chaos verloren, meine Beständigkeit zurückerlangt, habe gelernt, mich selbst zu lesen, anstatt nur in Sternbildern die Zukunft zu deuten.

Ich stehe nun in der Gegenwart, bin versöhnlich mit mir selbst, anstatt dich um Vergebung zu bitten. Passe gut auf mich auf, so wie ich es deinem Abschiedsbrief versprochen habe.

Ich deute keine Tierkreiszeichen mehr, lese nicht mehr zwischen den Zeilen, die sich da oben auftun. Alles was ich weiß ist, dass ein Punkt fehlt.

Denn trotz sternenklarer Nacht kann ich deinen Stern von hier aus nicht mehr am Himmel stehen sehen.

Und ich wage auch nicht mehr, nach ihm zu suchen.

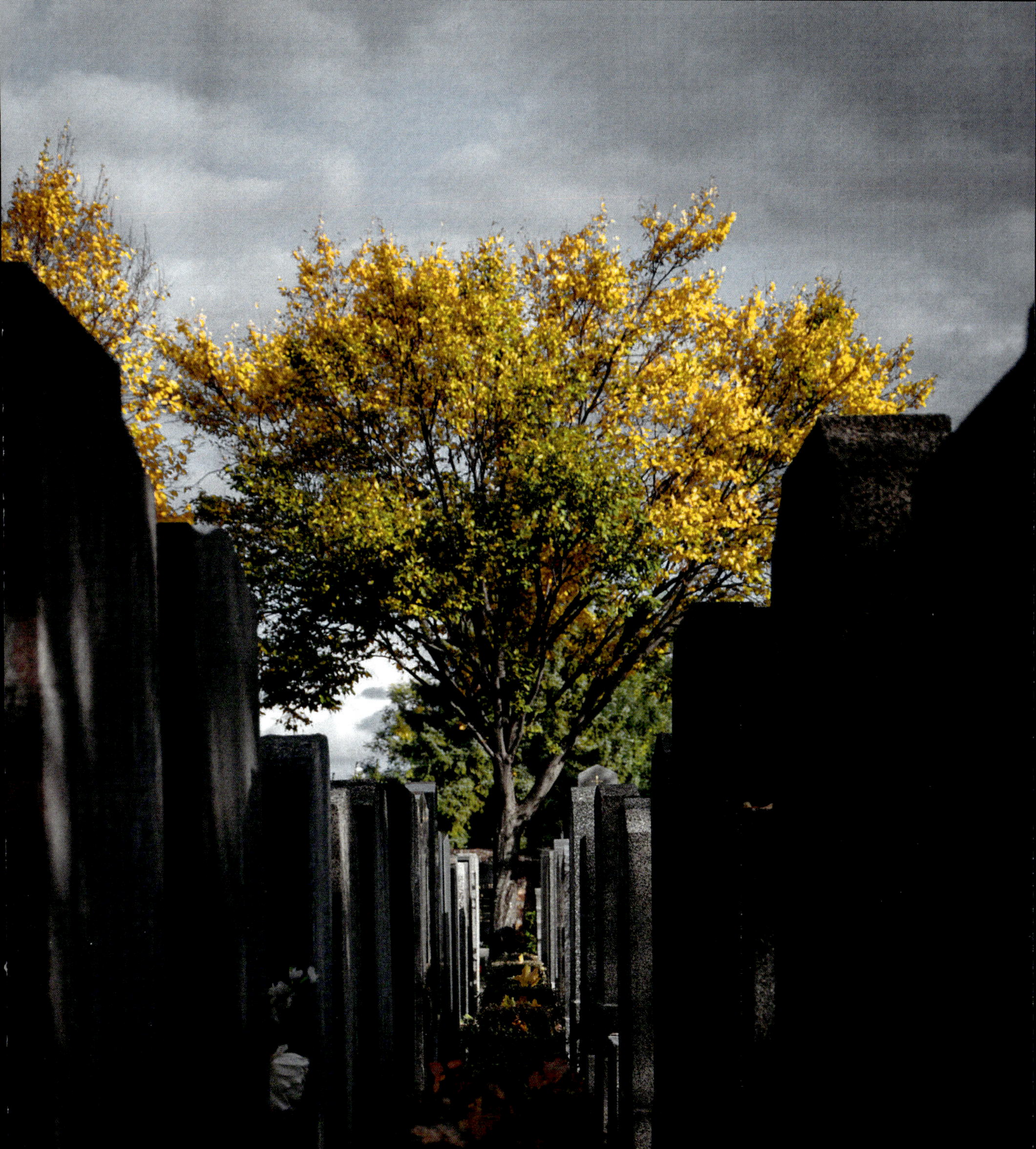

Wie der Hase hoppelt

Die längste Zeit deines Lebens hast du dich selbst dabei bespitzelt, wie du alles abhudelst, was du tust, wie du ganz und gar nicht in dir ruhst, sondern eigentlich immer
den Motor unter der Haube, die früher mal deinem Ex-Freund gehört hat, die Maschine hinter der Stirn, die stets mit besorgten Falten versehen ist, den Apparat zwischen den Augen, die untendrunter die Schatten großer Taten tragen, einen Zacken zu sehr beanspruchst.
Wie du dieses Ding immerzu heiß laufen lässt, während du nach außen ganz kühl wirkst, locker-lässig, als wäre alles wie immer.

Und das ist es auch, wenn es rattert und rumpelt und rumort, wenn der Boden bebt und es so laut ist, dass du gar nicht mitbekommst, dass da eigentlich jemand sitzt und darauf wartet, wahrgenommen zu werden.

Du hast so viele Fäden vor dir liegen, an denen du endlos gezupft hast, um sie zu entwirren. Du hast die Puzzleteile nicht nur zusammengefügt, sondern sie auch aufgeklebt und behutsam archiviert. Du hast dich in dich selbst eingelesen, hast alles schon verstanden, sämtliche Worte gefunden und weißt bereits mit Gewissheit, wer du bist. Du kennst dein Kompetenzprofil genau; du weißt so viel und deshalb hältst du dich für besonders schlau, aber getraut auch wirklich hinzusehen, das hast du dich noch nie.

Und das, obwohl du ohne Zweifel weißt, dass es das ist, was dir immer wieder zum Verhängnis wird.

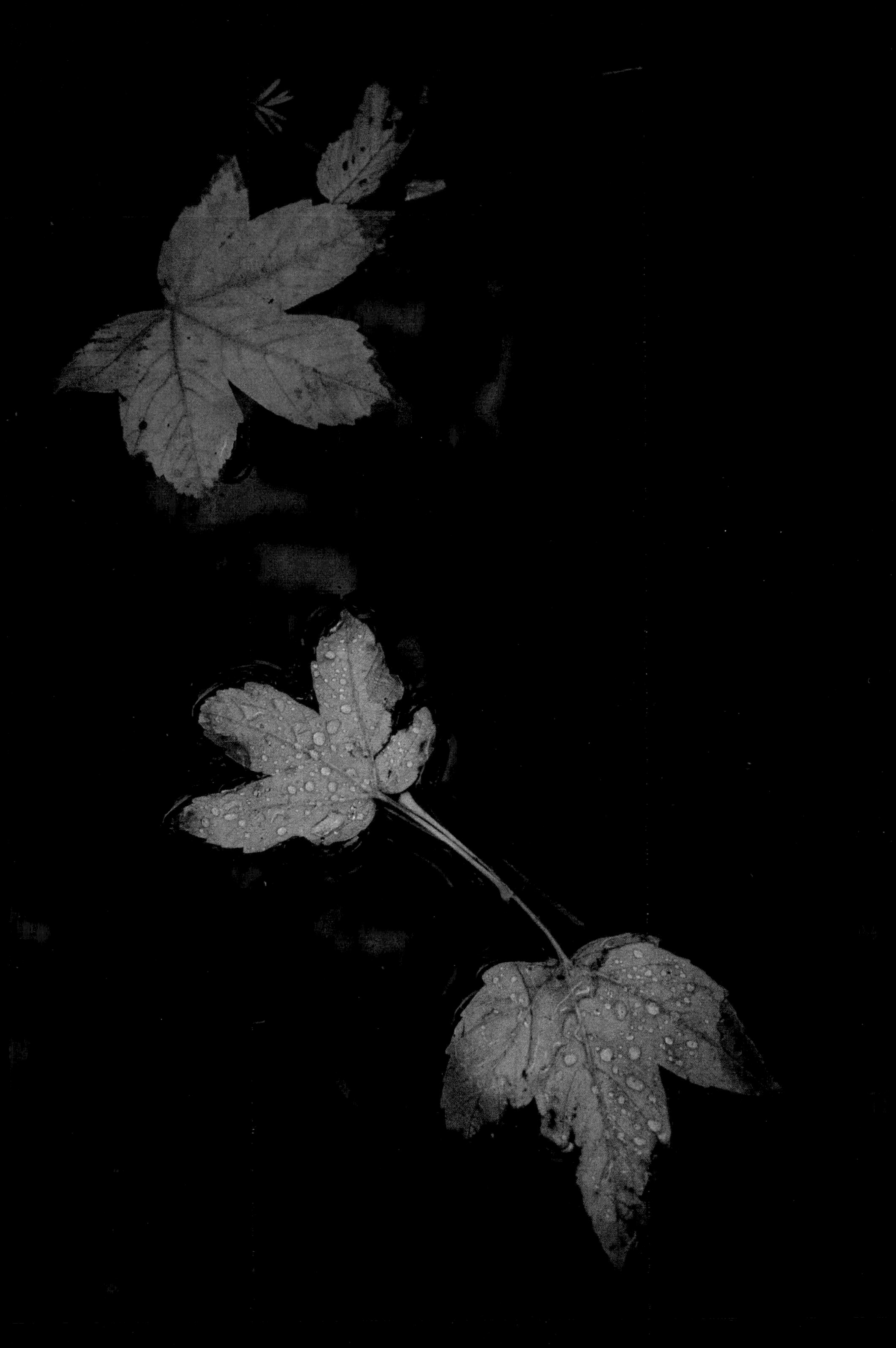

Deshalb:
Nimm dich doch mal selbst in den Arm, lern dich erstmal kennen und nimm dir endlos Zeit dabei.

Hör endlich auf, dich zu verkopfen.
Stattdessen sieh dich an, wie sonst nur deine Liebsten und sieh selbst, was für ein Wunder du eigentlich bist.

Wundere dich über deine Wunderlichkeit, staune darüber, wie erstaunlich du sein kannst und erlaube dir, das Beste in dir selbst zu sehen. Sei dir gewiss, dass du auf lange Sicht nicht der Einzige bleiben wirst, der das tut.

Zeig deinem inneren Kind, wo der Haken hängt, wie der Hase hoppelt, wie er laufen kann, wenn er endlich mal nicht vor sich selbst davonläuft.

Lass dein Gesicht entgleisen, ob des erstaunlichen Wesens, das du erblickst; vertraue dir selbst und fülle deine Leere im Alleingang. Schließlich hast du das Zeug dazu schon lange aufgelesen, ohne es überhaupt nur zu bemerken.

Lass dich wissen, was du dir bedeutest und sei am Ende endlich mal du selbst. Sei der Mensch, der du dir nie zugetraut hast zu sein und komplettiere dich, wie es noch keiner zuvor getan hat.

Hab Gewissheit, dass all die Fäden einzig und alleine bei dir zusammenlaufen, dass dein Archiv dann doch nur deine eigenen Teile bereithält, dass die Worte, die du findest, am Ende des Tages dann doch immer nur dich selbst beschreiben.

Denn du alleine weißt, wo der Haken hängt, wie der Hase hoppelt und wie er laufen kann, wenn er endlich mal nicht vor sich selbst davonläuft.

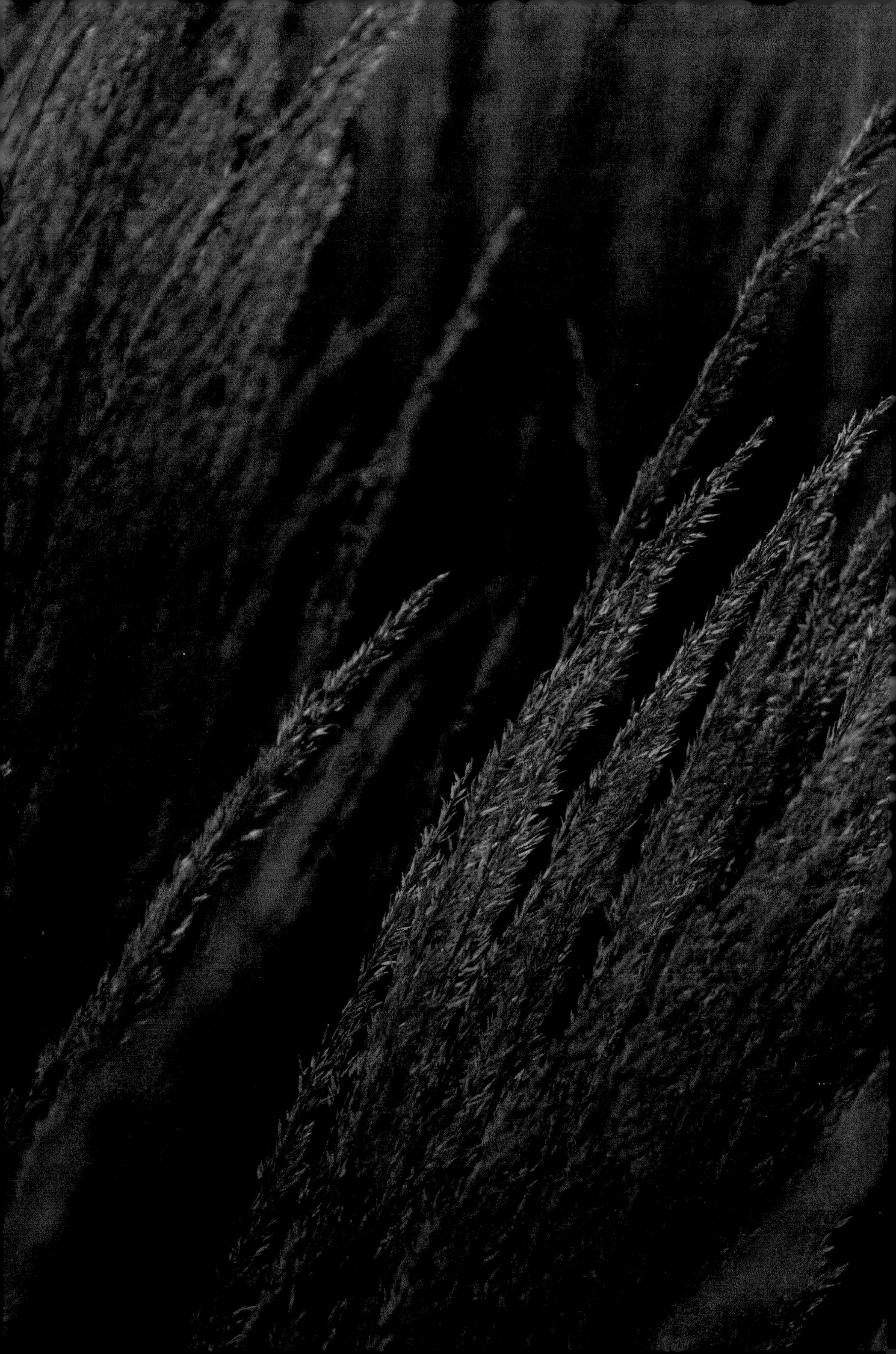

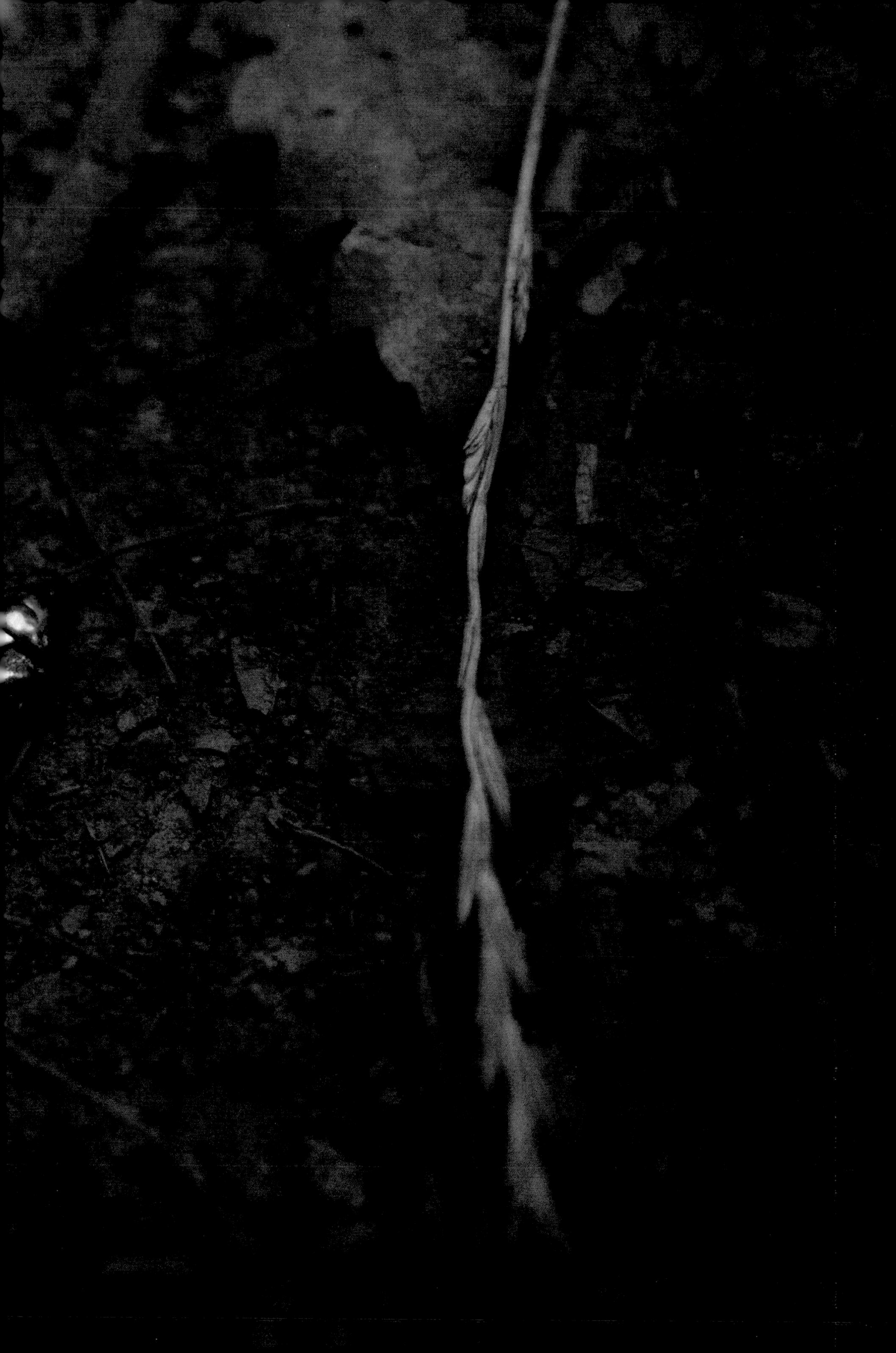

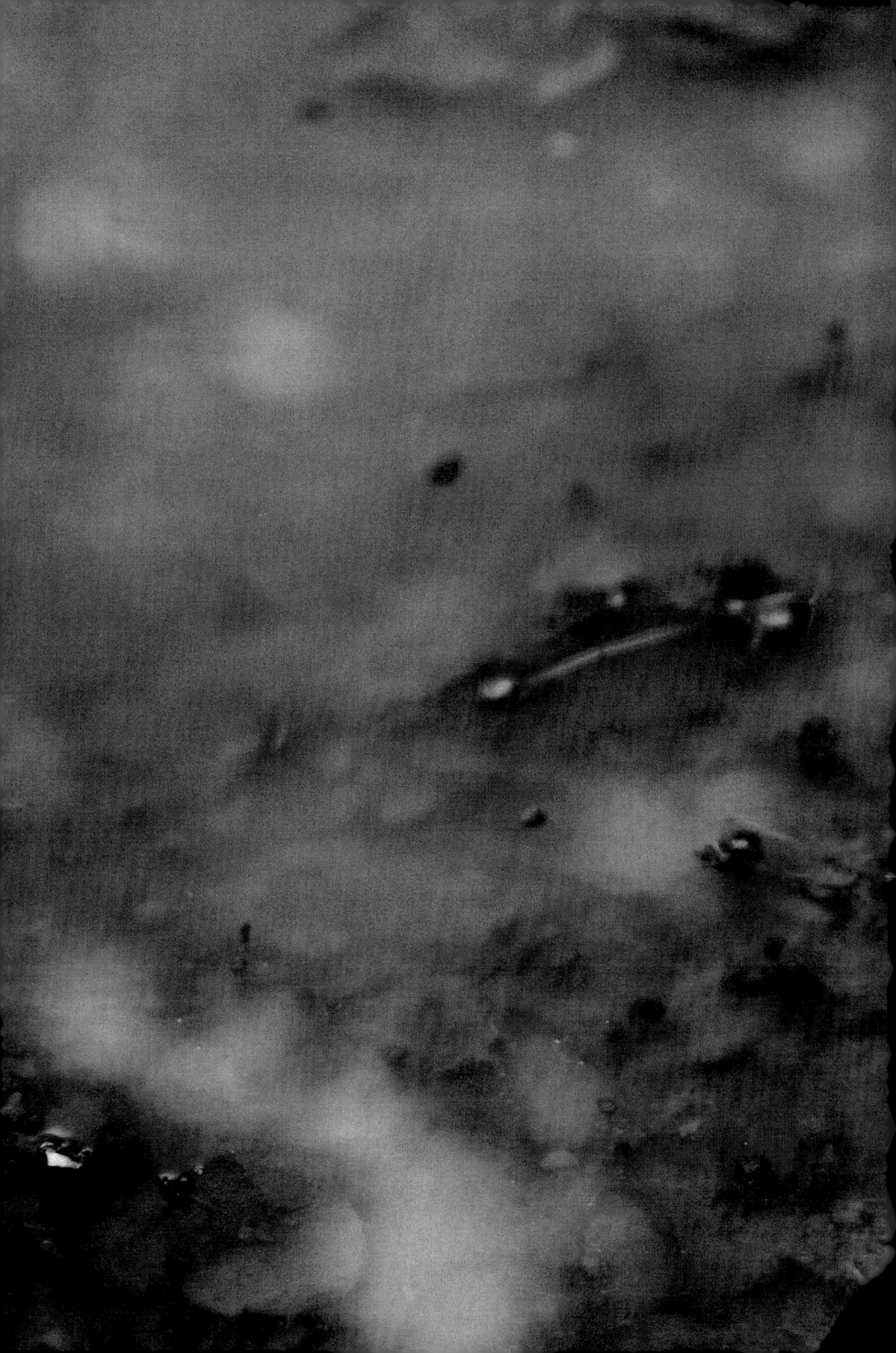

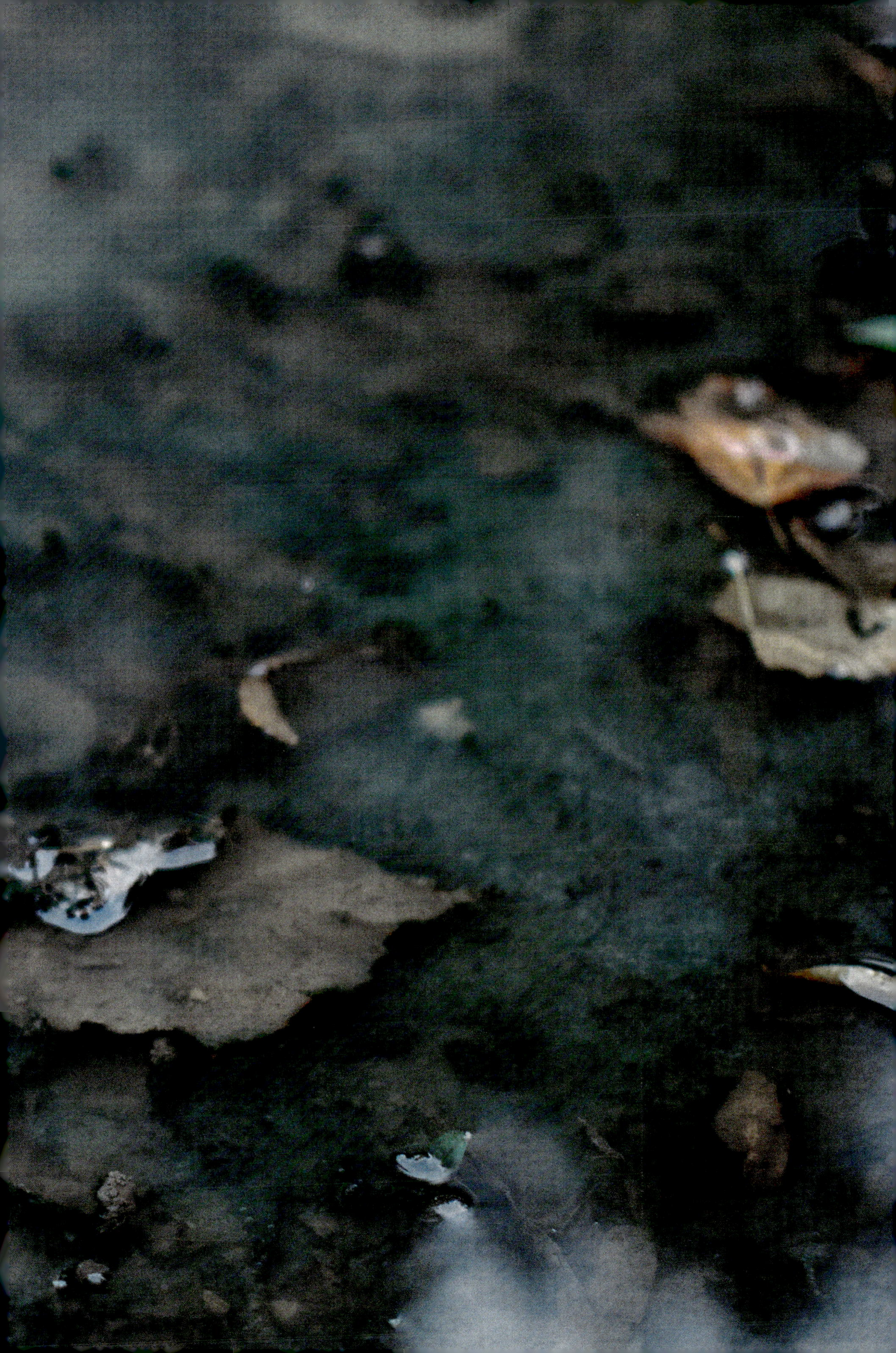

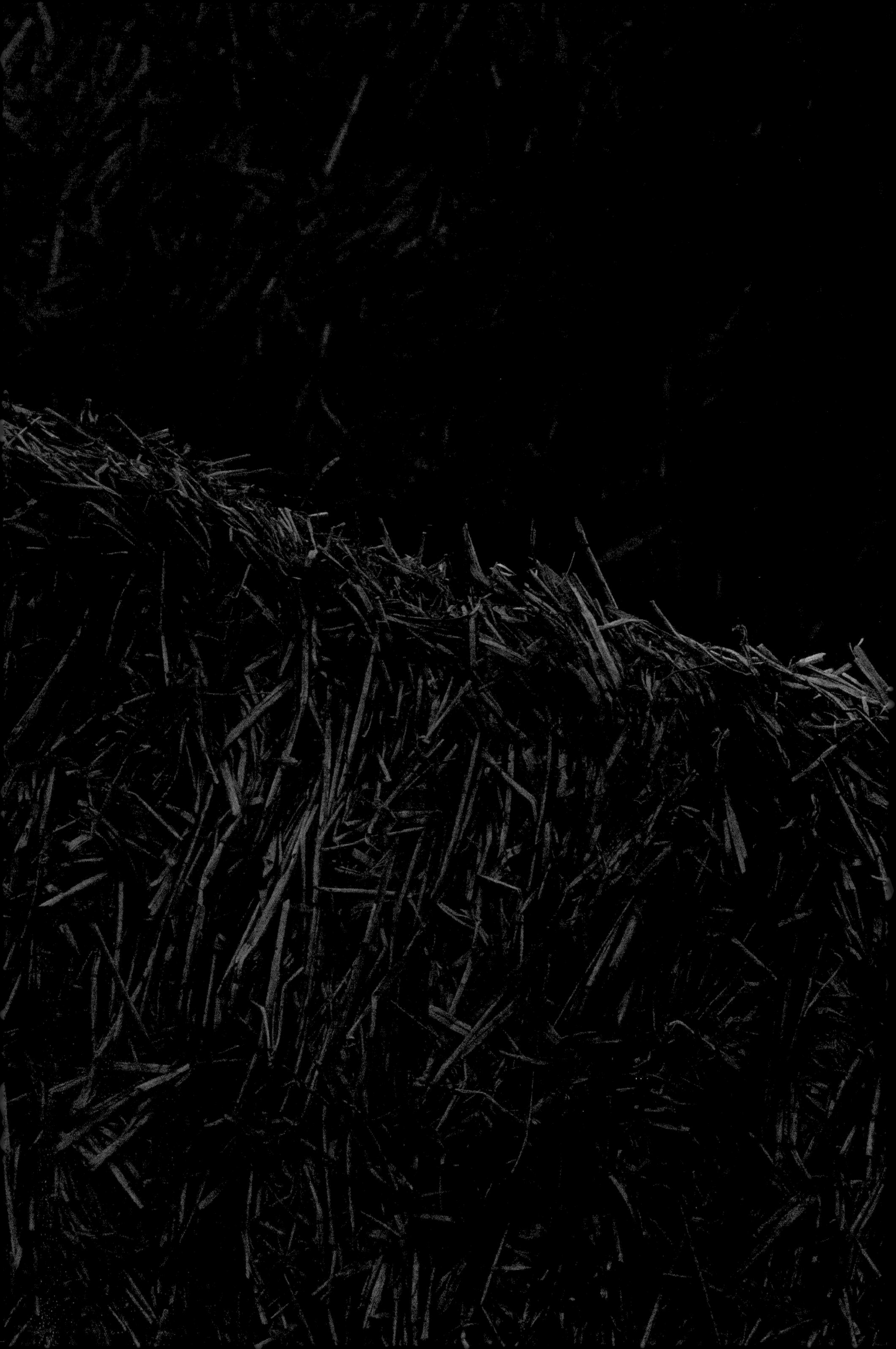

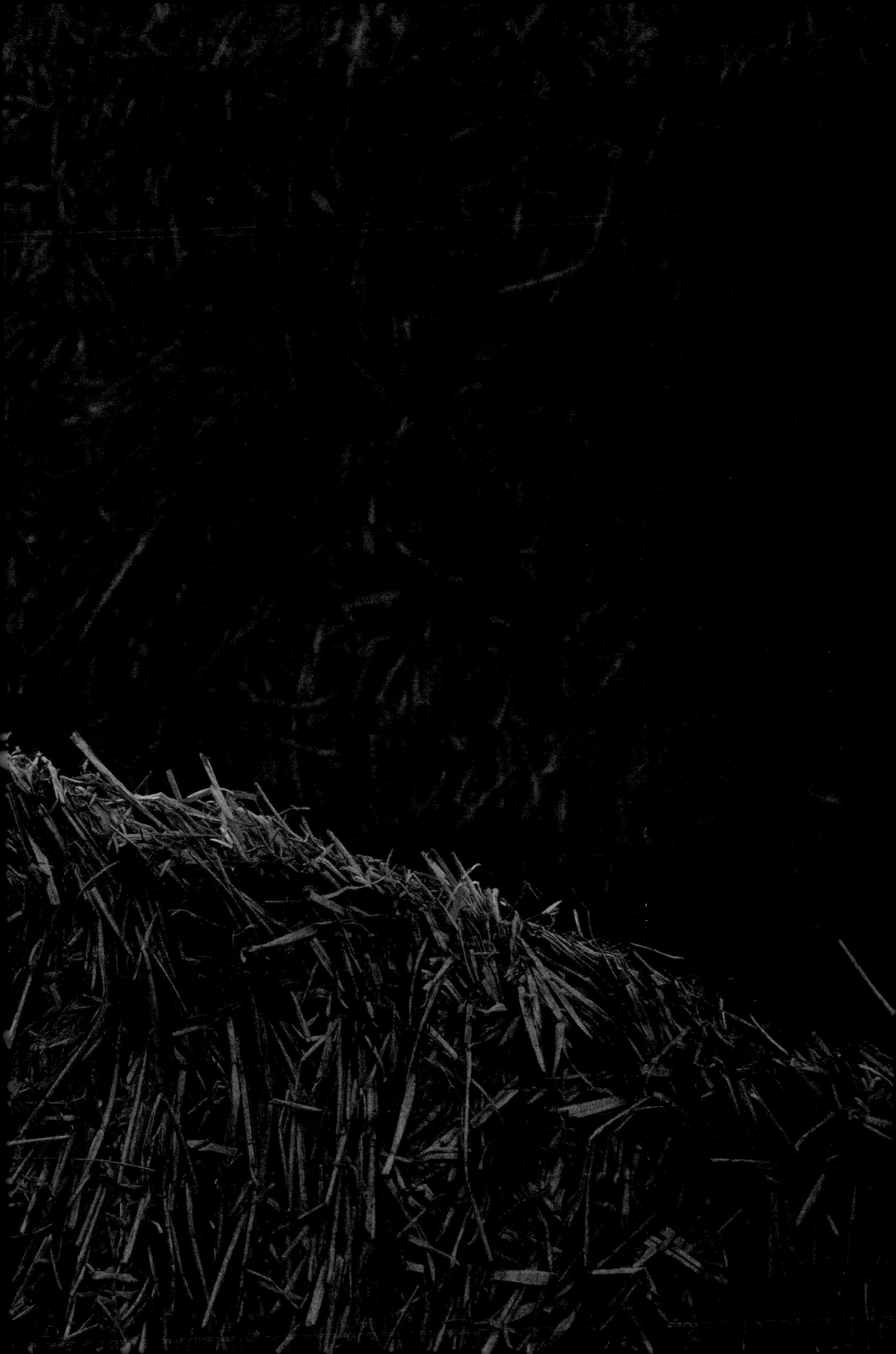

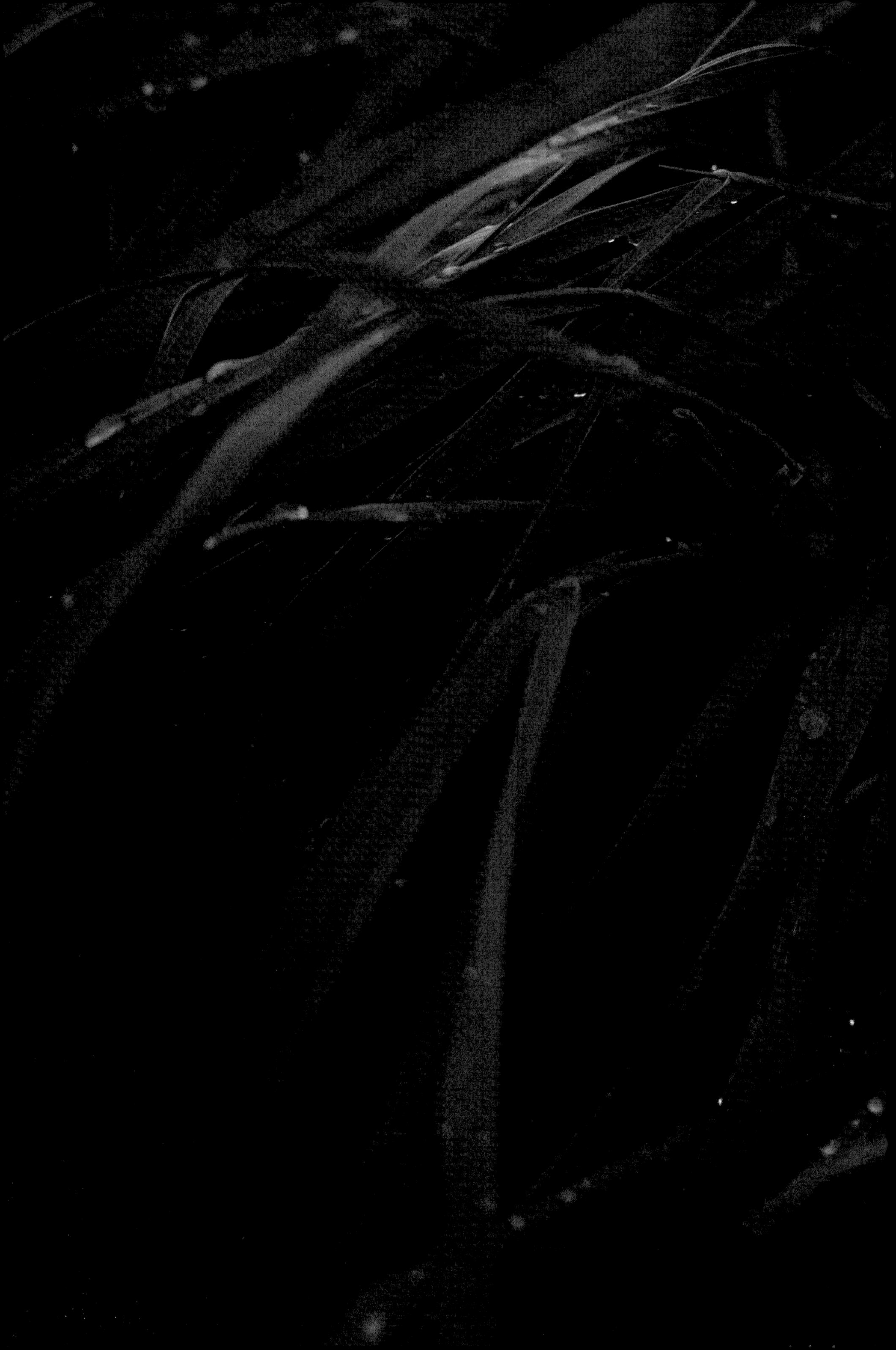

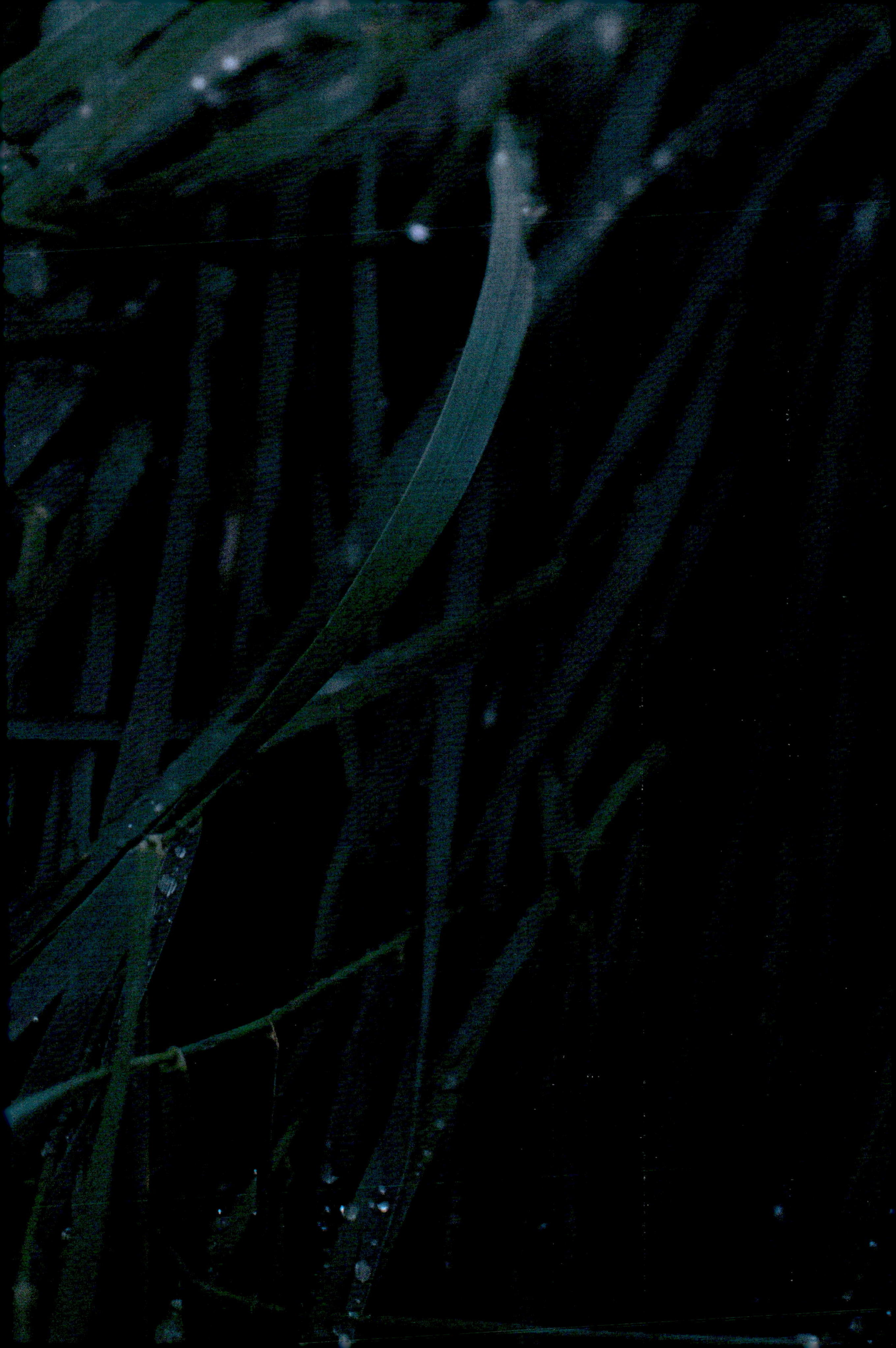

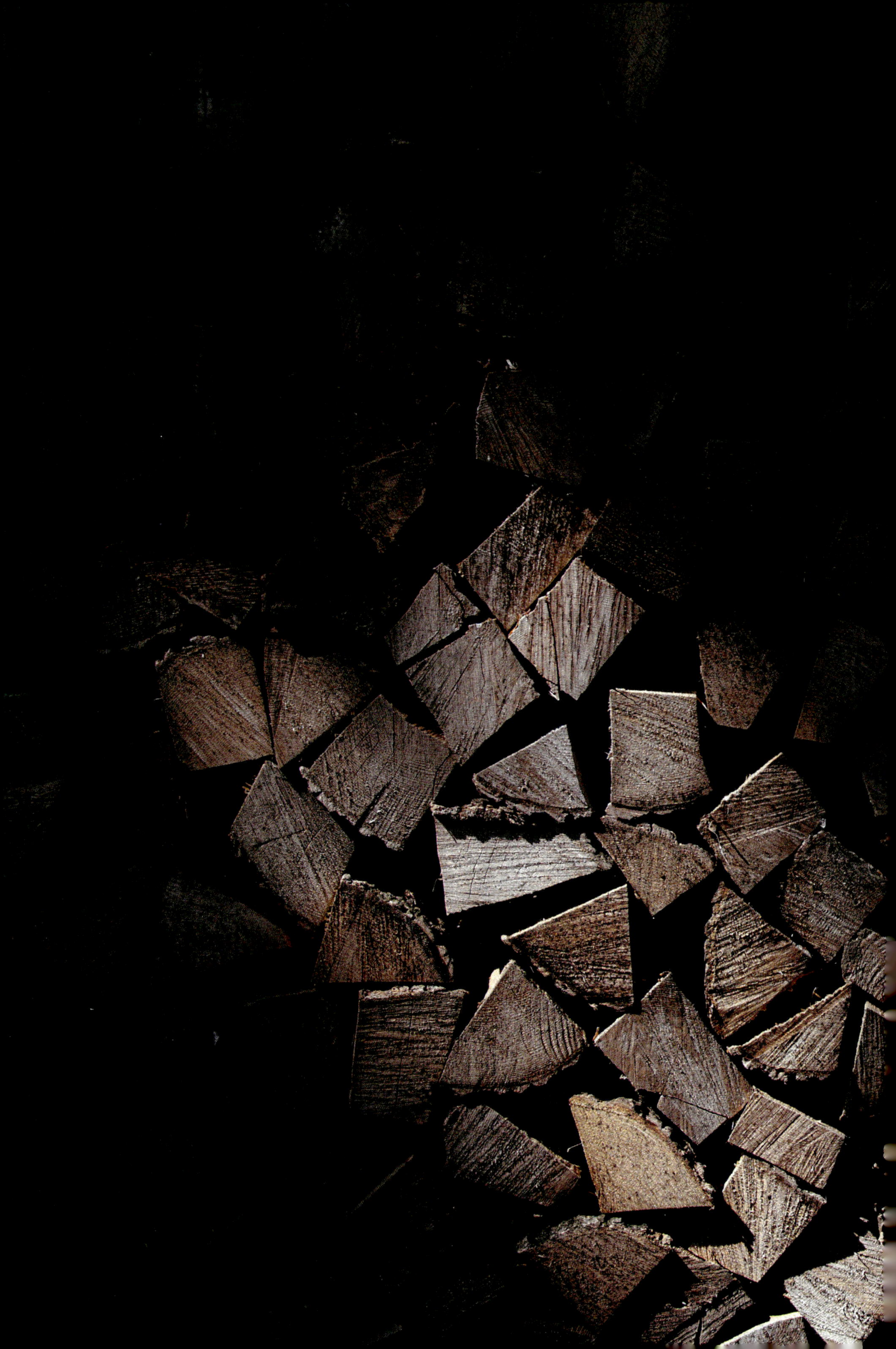

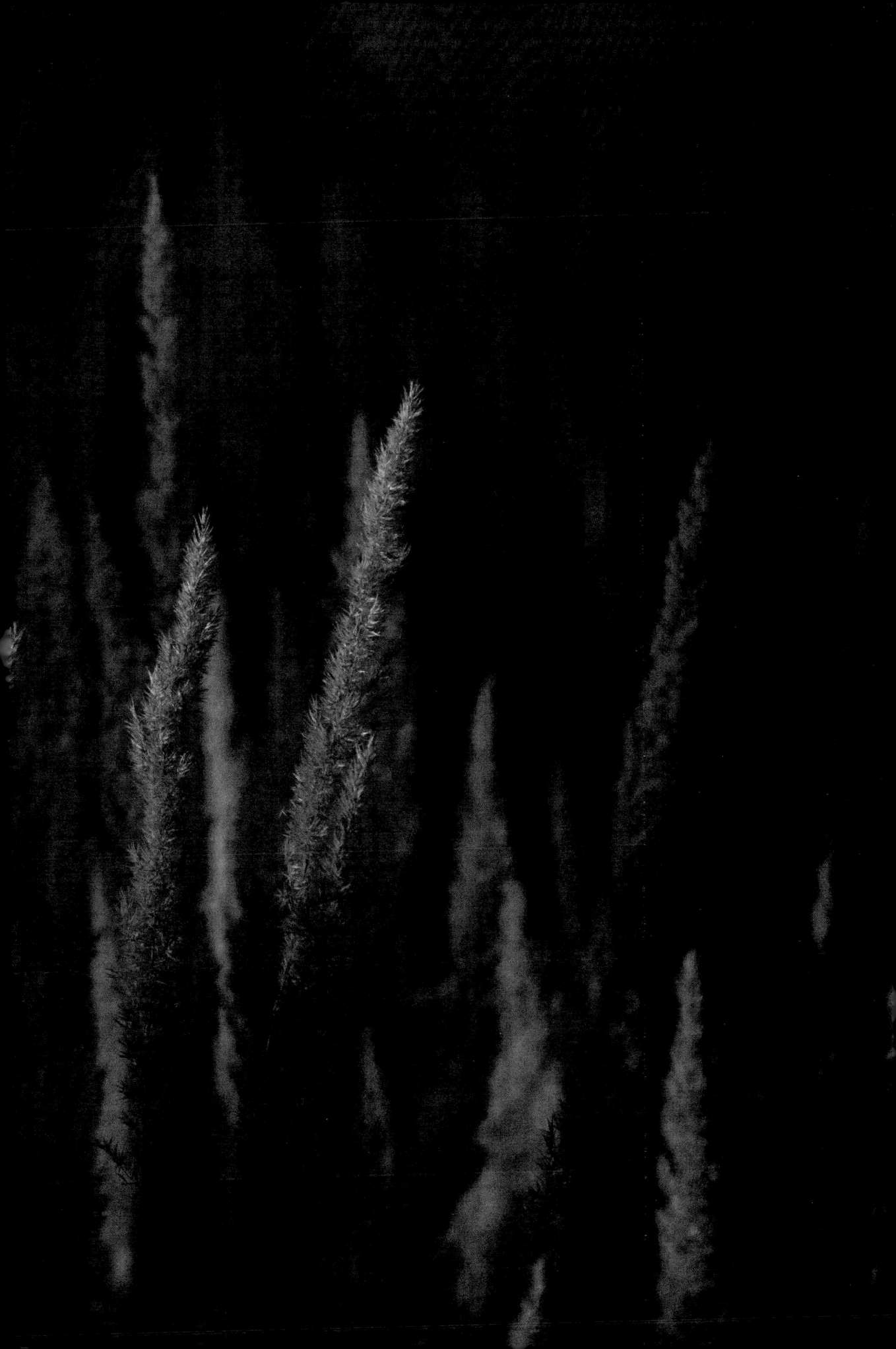

03 // Ins offene Messer

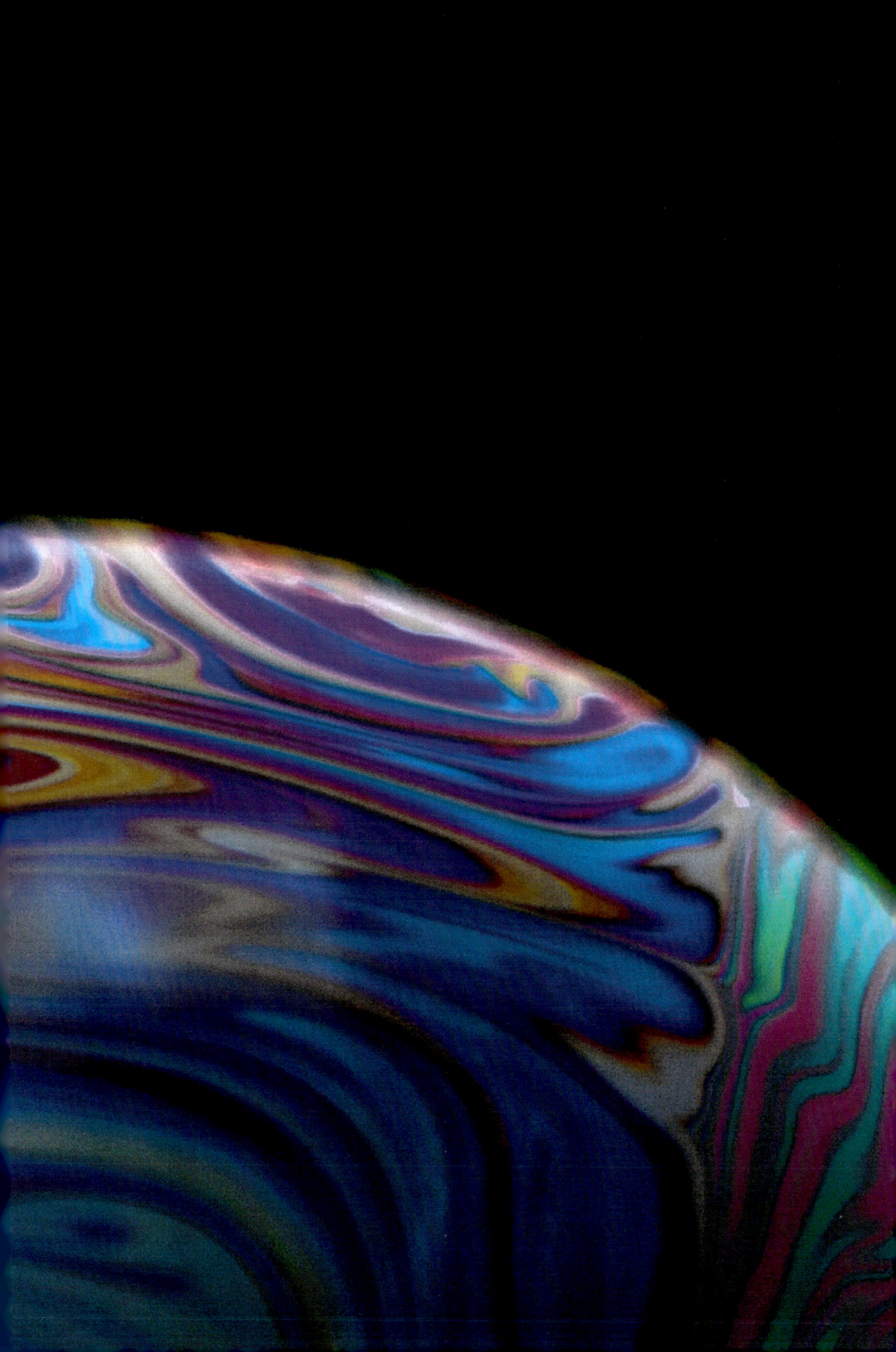

Schlagworte

Höre zu, um zu verstehen,
nicht um zu antworten,
zu interpretieren,
um ungefragt Ratschläge zu verteilen.

Sondern um zu erfahren, zu erleben,
um Einsicht zu gewinnen, um aufzufassen, zu begreifen, um mit all deinen
Sinnen ein klares Bild zu zeichnen, dein Gegenüber nur nachzuspuren,
aber es niemals auszumalen.

Nimm Abstand von jeglicher Bewertung,
bilde dir kein Urteil. Sei Beobachter, kein Gutachter, sei einfach nur du,
ein erstaunter Betrachter, dem sich eine gänzlich neue Welt eröffnet.

Finde dich ein zwischen den Zeilen, die du vernimmst,
entziffere sie, decke auf und dechiffriere,
lege frei, was dahinter steckt, was dahinter liegt und sich hinter all den
Schlagworten, die da fallen gelassen werden, versteckt.

Sprich.
Aber nicht, um Antworten zu erhaschen,
um Eindruck zu hinterlassen oder um ungefragt zur Aufregung anzuregen.

Sondern um Einblick zu schenken, um anzuregen und Samen zu säen, die
gedeihlich zur Ermunterung der tristen Täler in des anderen Gedanken
beitragen, sollten sie dort auf fruchtbaren Boden fallen.

Zeichne Bilder mit Farben, die dein Gegenüber noch nie gesehen hat, eröffne Welten, die dem anderen wie Fantasterei erscheinen, während die Umstände, die du aufzeigst, schließlich und endlich doch einfach nur deine eigene Realität widerspiegeln.

Mach ein Angebot, stell deine Gedanken frei zur Verfügung und stifte Verständnis. Biete der Person, zu der du sprichst, damit einen Unterschlupf, in dem sie erquickt an die Arbeit gehen kann, freizulegen, was dahinter steckt, was dahinter liegt und sich hinter all diesen Schlagworten, die du da fallen lässt, versteckt.

Irgendwie deplatziert

Ausgegrenzt, außen vor.
Irgendwie deplatziert.

Nicht immer, aber immer wieder läufst du gegen gläserne Wände, die sich zwischen dich und deine Außenwelt schieben.

Bist mittendrin, aber irgendwie nicht ganz dabei, sitzt abgekapselt inmitten freundlicher Gesichter, die sich Averna hinter die Binde kippen und dir dabei wortlos drohen, sich irgendwann für immer aus deinem Leben zurückzuziehen.

Weniger ist manchmal mehr und weniger du in einer Welt wie dieser, ist für manche mit Sicherheit das Allermeiste.

Wie außerordentlich schade, dass du nicht hinter die Fassaden der Leute neben dir sehen kannst, sondern nur hinter deine eigene.

Und anstatt mit unangenehmen Gesprächsthemen anzuecken, wirfst du lieber wirklich bedeutungsvolle Fragen in den Raum - zum Beispiel:

Was soll ich anziehen, wenn ich morgen ausgehe?
oder
Wie unwirsch war eigentlich die Antwort des Innenministers in der Sonntagsausgabe deiner Lieblingszeitschrift?
oder
Wie häufig wechselst du deine Bettwäsche, wenn du in nächster Zukunft nicht in der Erwartung eines Mannes sein wirst?

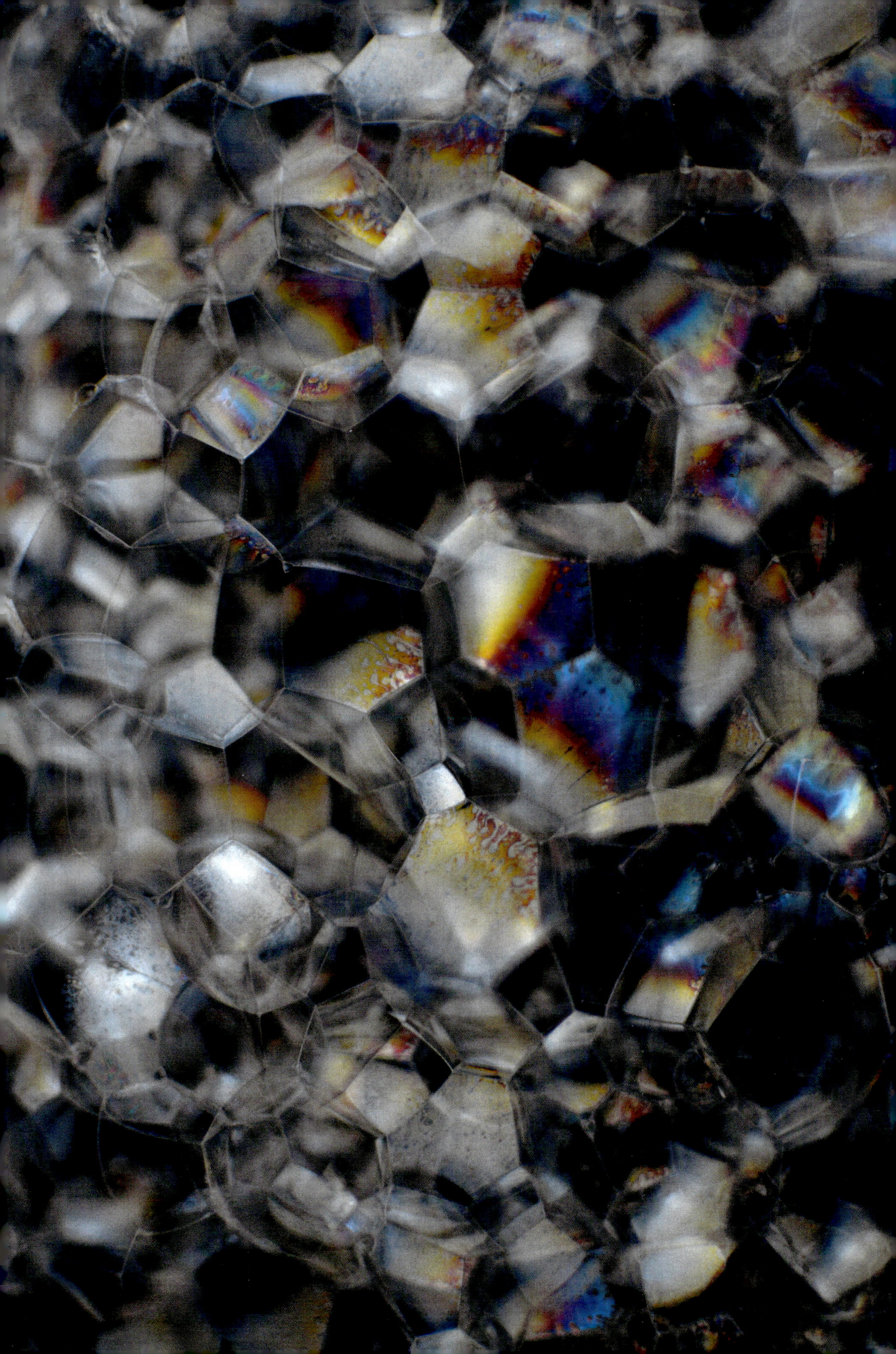

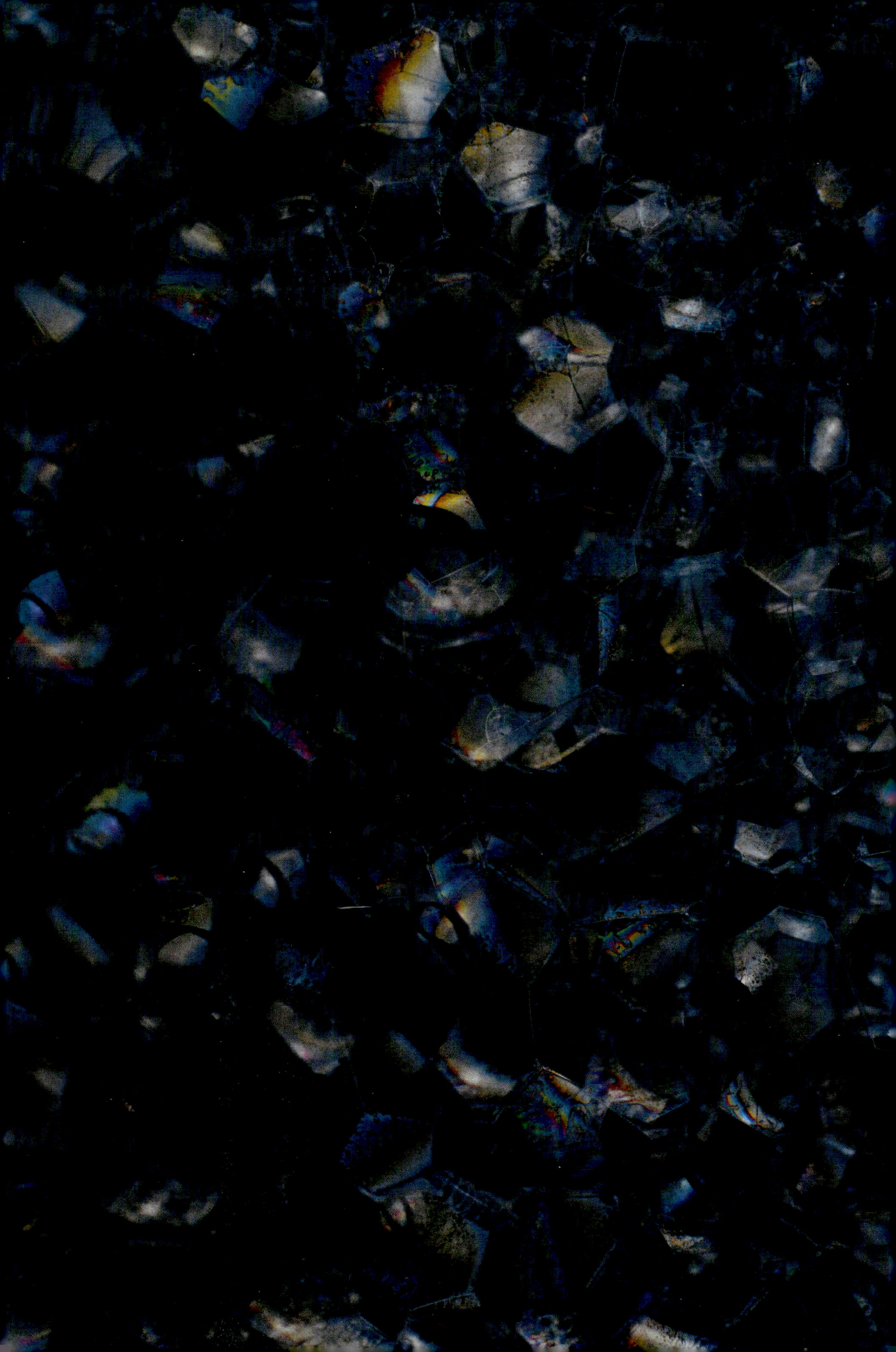

Aber wehe, du erwähnst das, was du wirklich wissen willst - etwa:

Wie wirke ich auf dich, wenn ich immer so aufgekratzt bin?
oder
Welchen Wert habe ich, wenn ich aus dem Grübeln nicht mehr rauskomme und es mir deshalb so unmöglich ist, deinen Ausführungen zu folgen?
oder
Wofür bin ich hier, wenn ich innerlich zerspringe? Wenn ich mich ausgegrenzt fühle, außen vor und irgendwie deplatziert?

Weil du die Antwort vermeintlich schon kennst und sie dir nicht immer, aber immer wieder an deinen eigenen inneren Kopf wirfst, sie dir im Innenohr, in ungewöhnlich herrischem Tonfall, immer wieder mal selbst beantwortest.

Und so bist du mittendrin, aber irgendwie nicht ganz dabei, sitzt abgekapselt inmitten freundlicher Gesichter, die sich Averna hinter die Binde kippen und drohst dabei wortlos, dich irgendwann für immer aus deinem eigenen Leben zurückzuziehen.

Brüche

Ich verstecke euch im hintersten Zipfel meiner Gedankengrube, im letzten Winkel meines Hinterstübchens. Begrabe euch mit Alltagstrott und Erste-Welt-Problemen, verstecke euch hinter Gewohnheit, Routinen und Ritualen.

Ich denke nicht nach
über euch
und euer Zutun
zu meinem Zusammenbruch,
meinem Abbruch der Zelte.

Ich denke nicht nach
über euch
und euer Zutun
zu meinem Aufbruch
und dem Ausbruch aus alten Mustern.

Ich denke nicht nach
über euch
und euer Zutun
zu diesem Umbruch,
zu meinem Durchbruch in ein neues Leben.

Ich verdränge euch lieber an die äußersten Ecken meiner Echokammer, verbanne euch in die dunkelsten Stunden, die hinter mir liegen und lasse zurück, was jemals war.

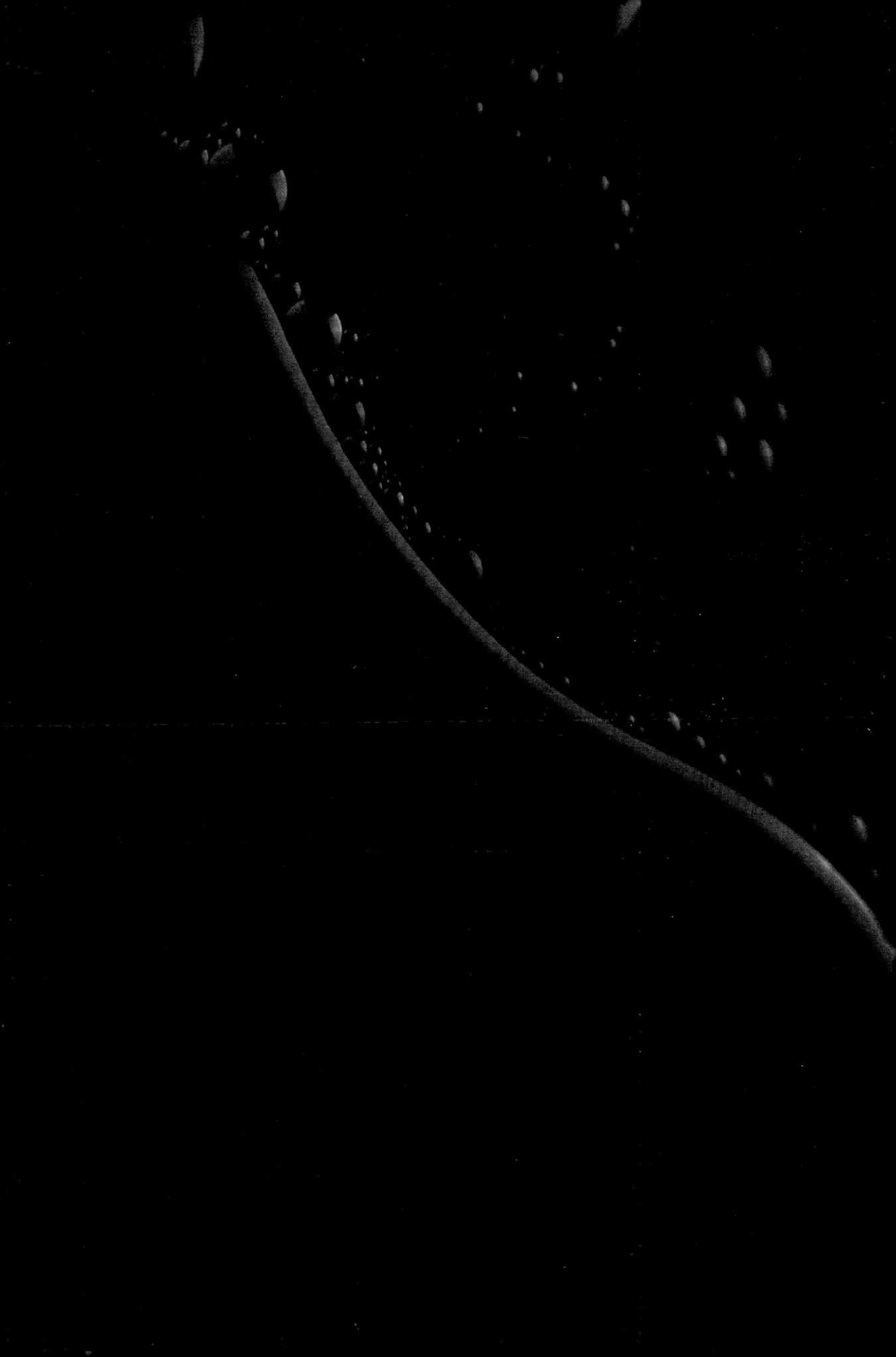

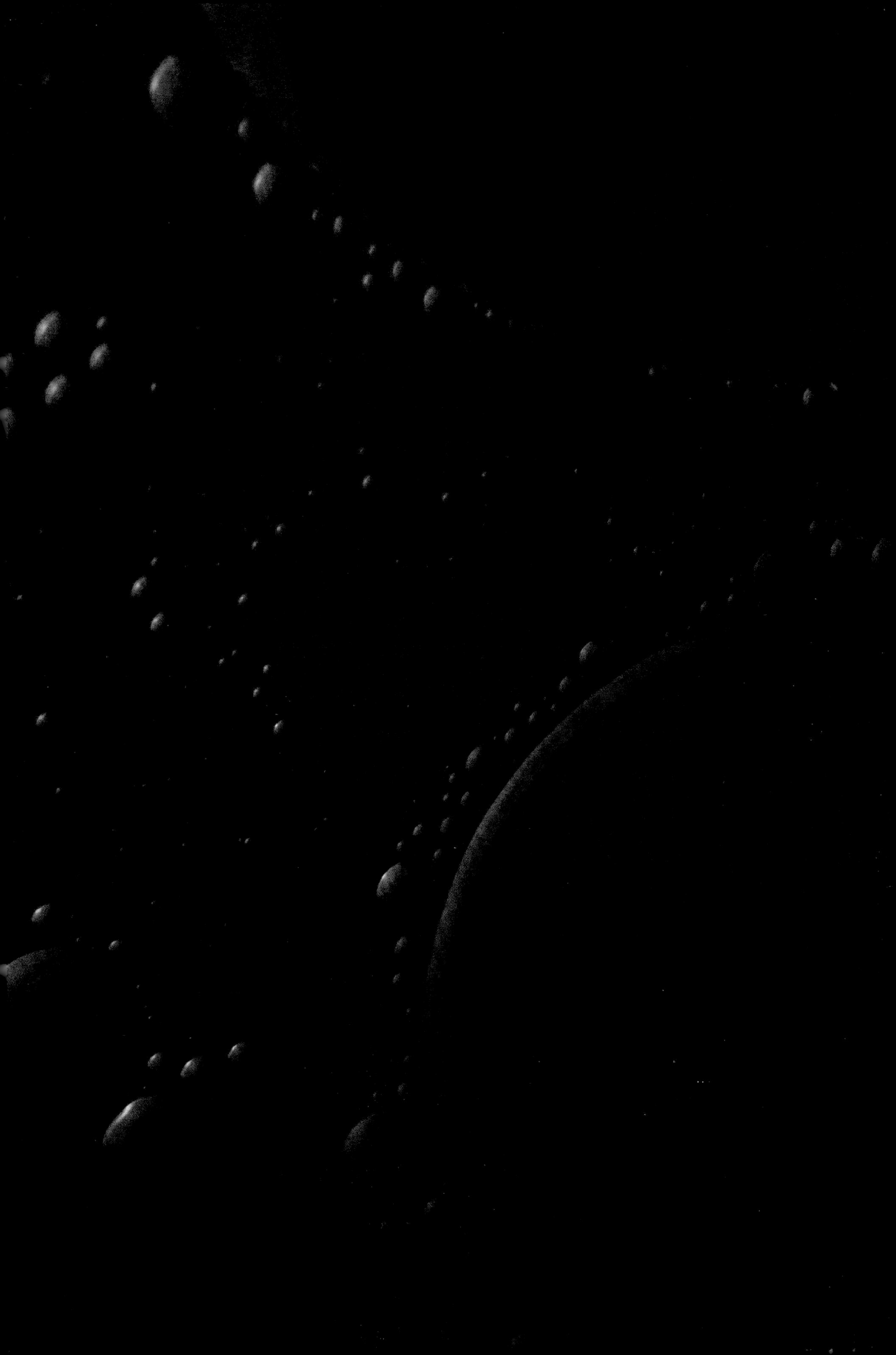

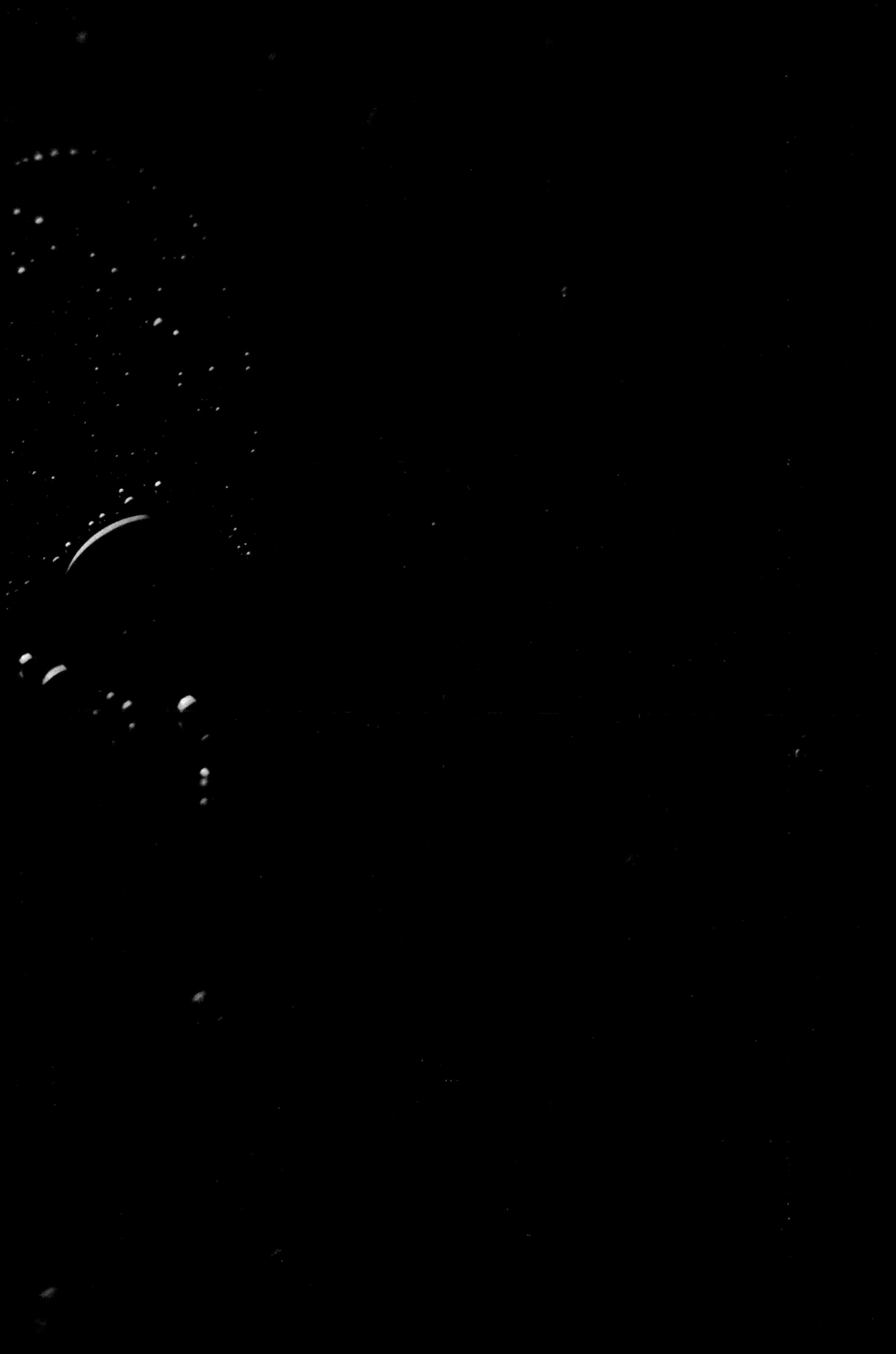

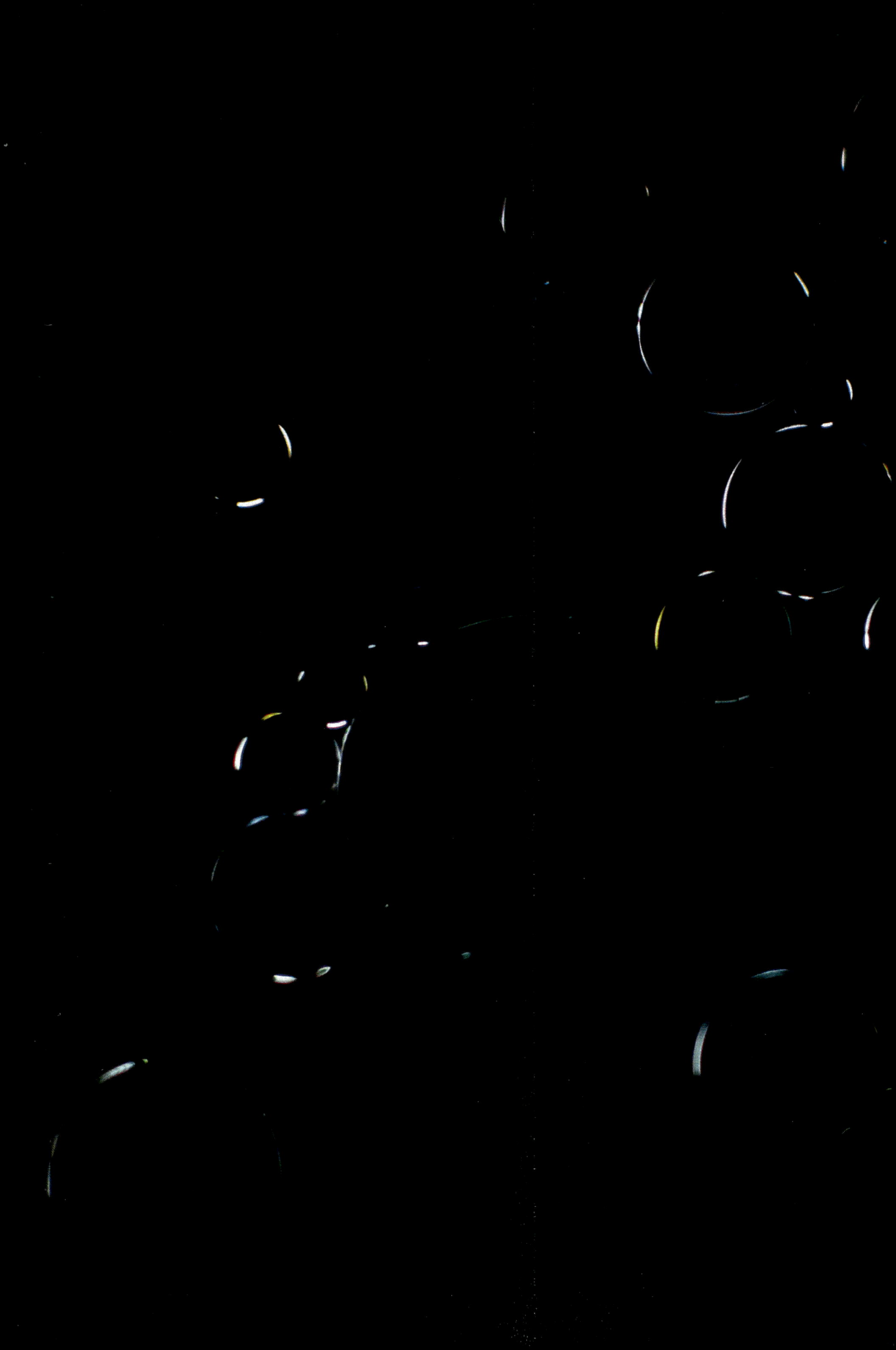

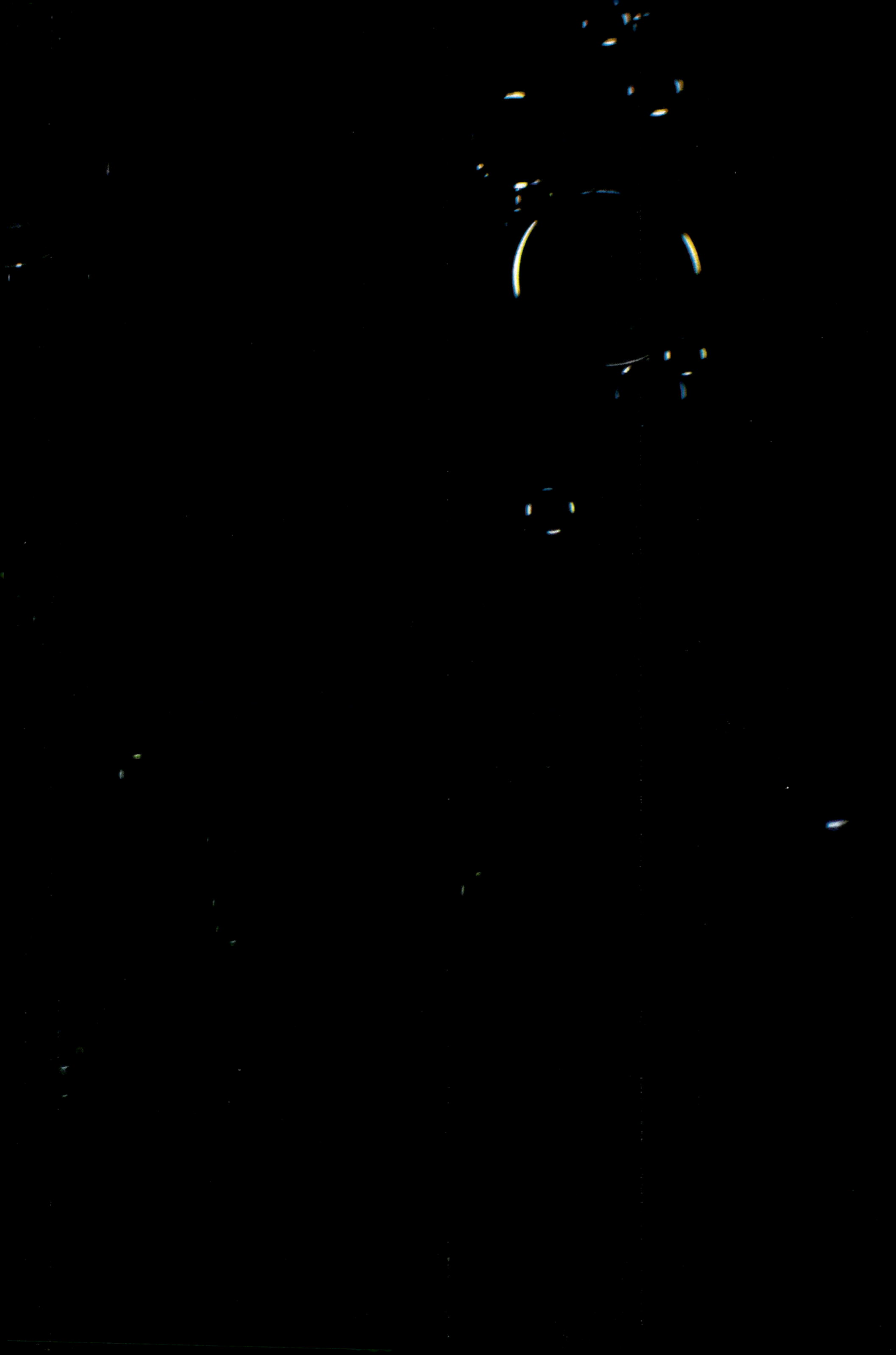

Aus heiterem Himmel

Aus konstanter Angst, die Kontrolle zu verlieren, hast du dich an alles geklammert, was dir noch lieb ist.

Aus Furcht vor Einsamkeit hast du verlernt, über deinen eigenen Tellerrand hinauszusehen.

Und erst am Ende, als alle gegangen, als alles vergangen, alles geborsten und zersplittert vor dir liegt, hast du gemerkt, was dir so lange entgangen ist:

Du bist ein ganzer Mensch, kein halber, eine coole Socke, wie sie im Buche steht. Ein praktikabler Typ, ein okayer Kollege, ein geneigter Zuhörer, ein komplexer Liebhaber, eine Person, die vielleicht nicht alle Tassen im Schrank hat, aber irgendwie doch mit beiden Beinen im Leben steht.

Du staunst nicht schlecht darüber, wie unabhängig du bist, wunderst dich, wie wohl du dich abseits all des Trubels, aber dafür mittendrin in deiner eigenen Haut fühlst;
bist ein bisschen verdutzt, von dem was du kannst, wenn kein anderer als du darauf achtet und erkennst erst viel zu spät, welche Qualitäten dir eigentlich zugrunde liegen.

Hast aus heiterem Himmel irgendwie doch keine Angst vor Veränderung, weshalb du in einer übertriebenen Geste der Unachtsamkeit auch gleich noch die unliebsam gewordene Vase umwirfst, um im Anschluss genüsslich die Scherben aufzukehren, die dir in Gedanken stets nur Furcht verursacht haben.

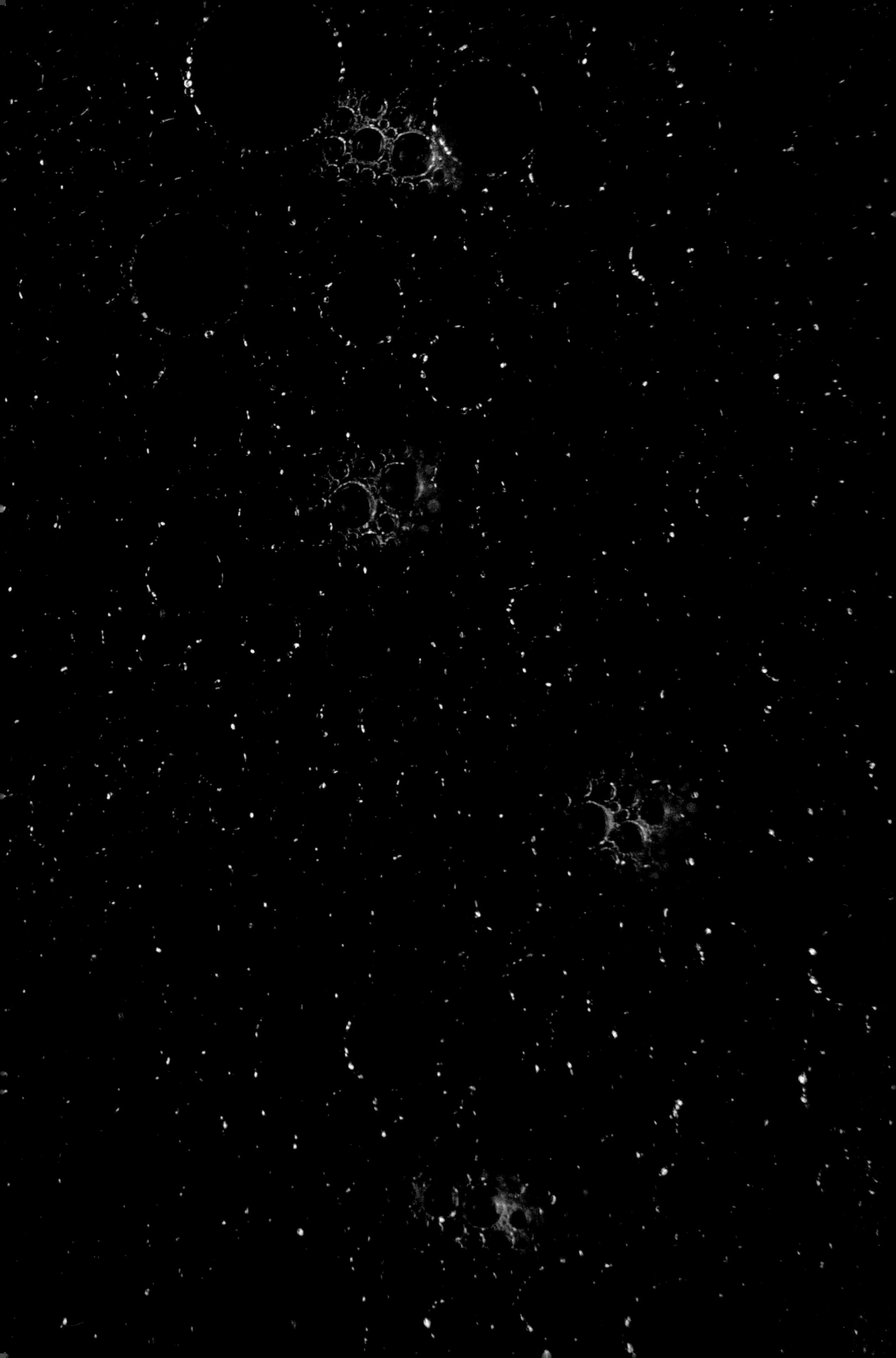

Du bist irgendwie zufrieden. Nicht da, wo du vielleicht noch hinwillst, aber gerade auch nicht wirklich auf dem Weg. Du erlebst dich irgendwie immer in Bewegung, aber ruhst trotzdem ein wenig in dir selbst und zeitweise auch einfach nur auf deiner zu klein gewordenen Couch. Weil du es dir wert bist, plötzlich tatsächlich Wert hast und wer bist. Ganz ohne äußere Einsager oder innere Souffleure, die sich zeit deines Lebens seltsamerweise stets im Skript geirrt zu haben scheinen.

Aus heiterem Himmel lässt du endlich ein bisschen los, lässt locker und gut sein, was nicht von alleine bei dir bleibt.
Zweifelst nicht mehr mehr an dir selbst, als es ohnehin schon alle anderen tun.

Auf einmal magst du dich, bist nicht mehr einsam, sondern einfach nur allein und ein bisschen geplättet, als du dir selbst dabei zusiehst, wie du endlich begonnen hast, über deinen eigenen Tellerrand hinauszusehen.

04 // Unmut

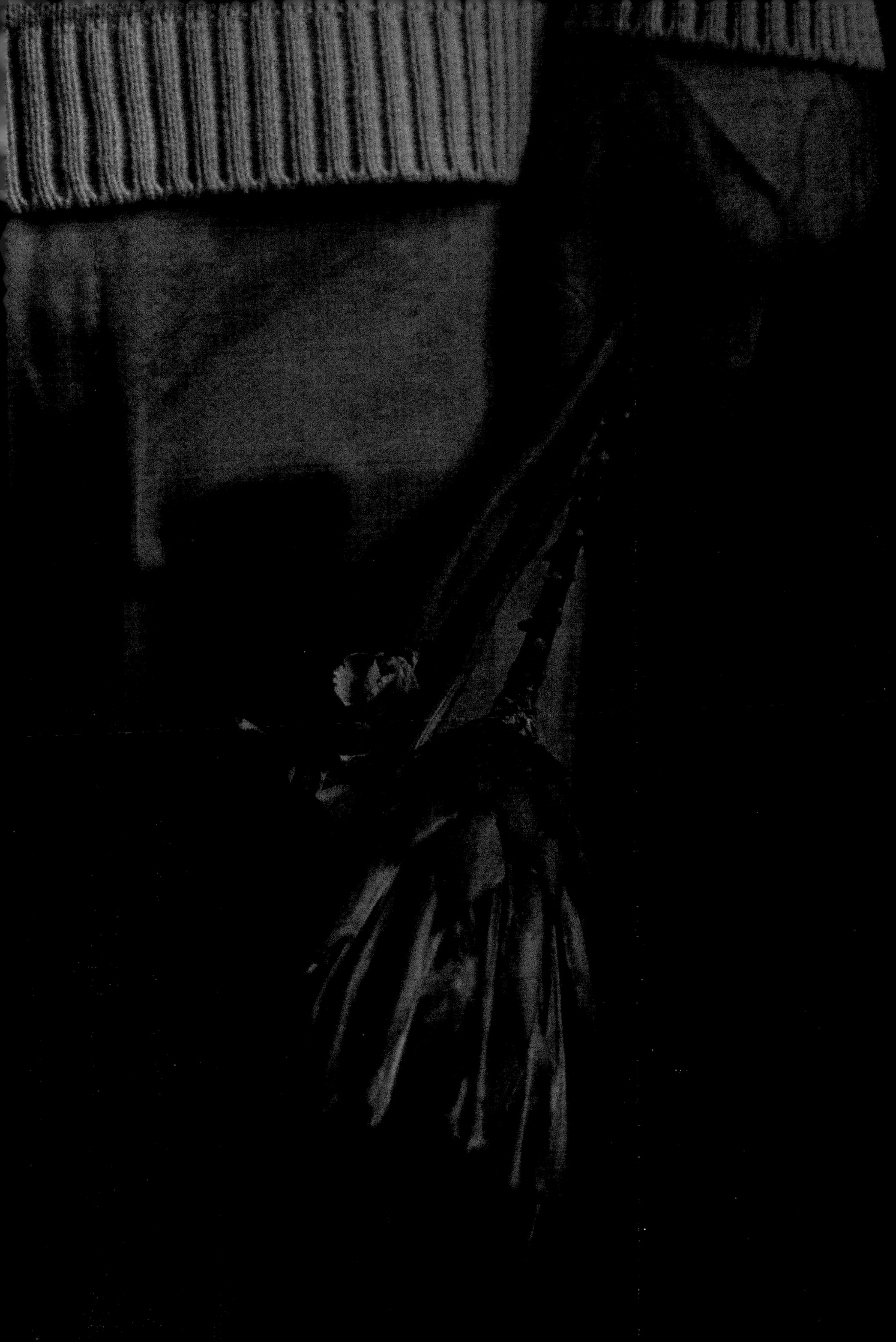

Rock Bottom

Ich bin ein Bottom.
Das ist jene Unterkategorie der schwulen Männer, die ungefähr gleichauf mit den Bisexuellen liegt. Denn: Ich distanziere mich davon, in andere einzudringen, aber „immerhin kann ich mich ja entscheiden". Und somit verschwinden sie irgendwo im Graubereich innerhalb des Regenbogens, wo andere Männer darüber entscheiden, ob diese Gruppe nun ebenso Manns genug ist, akzeptiert zu werden, oder ob sie ihr Schattendasein neben Fetten, Femininen, Asiaten oder eben Bottoms fristen müssen.

Ich bin ein Bottom.
Das ist jene Unterkategorie der schwulen Männer, für die man keine klingenderen Namen findet, als etwa Poloch-Prinzessin oder Analakrobat oder etwas geschlechtsneutraler: Reinrotzloch.
Das ist jene Unterkategorie der schwulen Männer, die das ihnen gegebene Material zweckentfremdet, die kreativen Umgang damit pflegt und sich erstmal bis zum Kinn mit Wasser auffüllt, um danach einen Ausgang zum Eingang zu machen.

Denn: Der Körper des Bottoms ist ein Tempel. Da muss alles raus, was keine Miete zahlt.
Wir wollen besenrein sein, wenn wir benutzt werden. Wir stehen auf dem Prüfstand, bei jeder weiteren Übergabe.

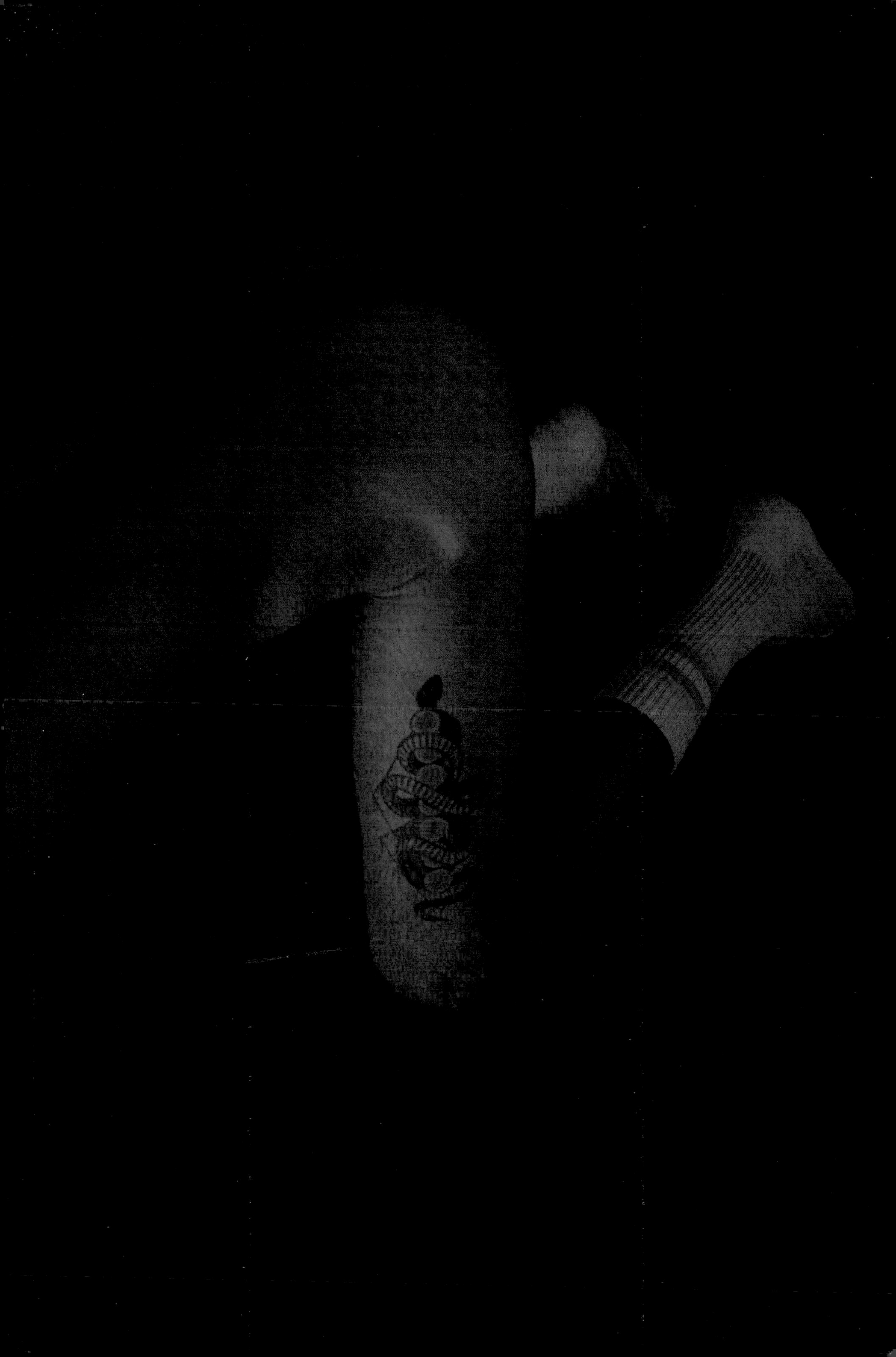

Damit unsere Tops glücklich sind. Ihr Stift nicht beginnt zu schreiben, sobald die Feder ins Fass getaucht wird. Damit wir uns nicht nachsagen lassen müssen, wir wären ranzig und unrein. Damit man nicht behaupten kann, dass wir am Ende des Tages auch nur braun kacken. Damit man nicht bemerkt, dass wir auch nur Menschen sind.

Ich bin ein Bottom.
Ich nehme massenhaft Ballaststoffe zu mir und spüle mir stundenlang mehr als nur den Mastdarm, nehme Kackspritzer in Dusche und WC und sogar auf meinen Füßen in Kauf, um meinem Top ein klinisch reines Geschmacks- und Geruchserlebnis zu ermöglichen. Ich entferne penibel jedes Sandkorn aus meinem Getriebe; denn wenn was bleibt, dann ist es das, was reibt und das wollen wir nicht. Und das Beste daran: Ganz nebenbei - quasi im Vorbeigehen - hydriere ich meine Schleimhäute, auf dass der lästige Griff zum Gleitgel entfällt, weil das dem geneigten Dom-Top-XXL so gut gefällt.

Ich bin ein Bottom.
Und ich leiste vieles, wenn ich mich auf einen Empfang vorbereite. Ich sehe grausame Dinge während meiner Vorbereitungen, während der Top sich lässig Hose und Shirt überwirft und ich mich glücklich schätzen darf, wenn seine Eier heute schon mal Wasser und Seife gesehen haben.

Ich bin ein Bottom.
Das heißt, ich bin der, der penetriert wird. Bin das Fickfleisch, die Lustgrotte, der selbstwärmende Handersatz in Lebensgröße.
Und das macht mich weniger wert.
Weil ich nehme und nicht gebe.
Weil ich mich mit anderen Löchern auf Beinen auf dieselbe Stufe stelle.
Weil penetriert zu werden, mir die Männlichkeit nimmt.

Versteht doch:
Da wird nicht nur Fleisch zerfickt, sondern auch das Ego, der Stolz und der gesamte Charakter. Und so lande ich ganz schnell ebenso im Graubereich des Regenbogens, bei den anderen unmännlichen Gruppen, die weniger wertvoll sind. Bei den Bisexuellen, bei den trans und inter Personen, bei denen, die sich selbst als nicht-binär bezeichnen, bei denen, die sind wie die Frauen oder die Fetten oder etwa People of Color.

Ich bin ein Bottom.
Und wenn ich Grenzen setze, sage was ich will, oder eben nicht will, wenn ich darauf hinweise, womit ich mich wohl fühle, was mir Freude und Lustempfinden bereitet und was rote Tücher für mich sind, dann wird mir daraus ein Kleid geschneidert und damit meine Männlichkeit auf den Prüfstand gestellt.

Dann bin ich eine Zicke, eine Tussi, eine Tunte, weil ich mir erlaube, den ach so dominanten und in seiner Männlichkeit gut gesattelten Top infrage zu stellen, ihn in die Schranken zu weisen, ihm etwas zu nehmen, was ihm - so glaubt er - auf naturgegebene Weise gehört:
meinen Körper, meine Gesundheit und meine sexuelle Integrität.

Denn sein Penis ist die Norm und alles andere das Defizit, welches sich daran zu messen hat. Denn sein Penis ist die Norm, die überall eindringen darf. Ungefragt. Egal wie erwünscht oder begehrt er gerade ist.

„Ich will nicht, dass du in mich hineinwichst."
versus „Aber mit Gummi spür ich so wenig."
versus „Aber zumindest schluckst du."
versus „Aber ich bin ja eh auf PrEP."
versus „Aber ich hab ja auch Precum, wenn ich dich ins Maul ficke."
versus „Da kannst du dir auch was einfangen."
versus „Da kannst du gleich mit Gummi lutschen."
versus „Ich zieh einfach den Gummi ab, ohne dass du es bemerkst."
versus „Ich ficke dich einfach morgens bare, wenn ich vor dir aufwache und du dich noch nicht in Sicherheit gebracht hast."
versus „Stell dich nicht so an."
versus „Halt's Maul, du dumme Schlampe."

Ich bin ein Bottom.
Und ich werde regelmäßig Opfer von Grenzüberschreitungen, sexuellen Übergriffen und sexualisierter Gewalt.

Ich bin ein Bottom.
Und an dem Tag, an dem ich gelernt habe, für mich selbst einzustehen, wurde ich bereits zweimal vergewaltigt.

Ich bin ein Bottom und ich bin damit nicht alleine.
Ich stehe als schwuler Mann von schwulen Männern entrechtet, in der Grauzone neben all denen, die
nicht männlich genug, nicht weiß genug,
nicht fit oder nicht attraktiv genug sind.
Neben denen, deren Schwänze nicht kerzengerade und riesengroß sind, so als wären sie einem schlechten Porno entsprungen.
Und ich stehe neben denen, die einfach zu behindert sind, um ernst genommen oder überhaupt erst als sexuelles Wesen wahrgenommen zu werden.
Neben den Menschen, die keine Stimme und keine Meinung haben dürfen.
Die kein Anrecht darauf haben, selbstbestimmt zu sein.
Die kein Anrecht auf den gleichen Respekt und die gleiche Würde haben, wie der penetrierende Teil der Gesellschaft.

Ich bin ein Bottom.
Und auch wenn ich nach dem siebzehnten Einlauf nicht so aussehe, wenn ich nicht so schmecke, rieche oder mich so anfühle: Ich bin ein Mensch.

Und genau so sollst du mich auch behandeln.

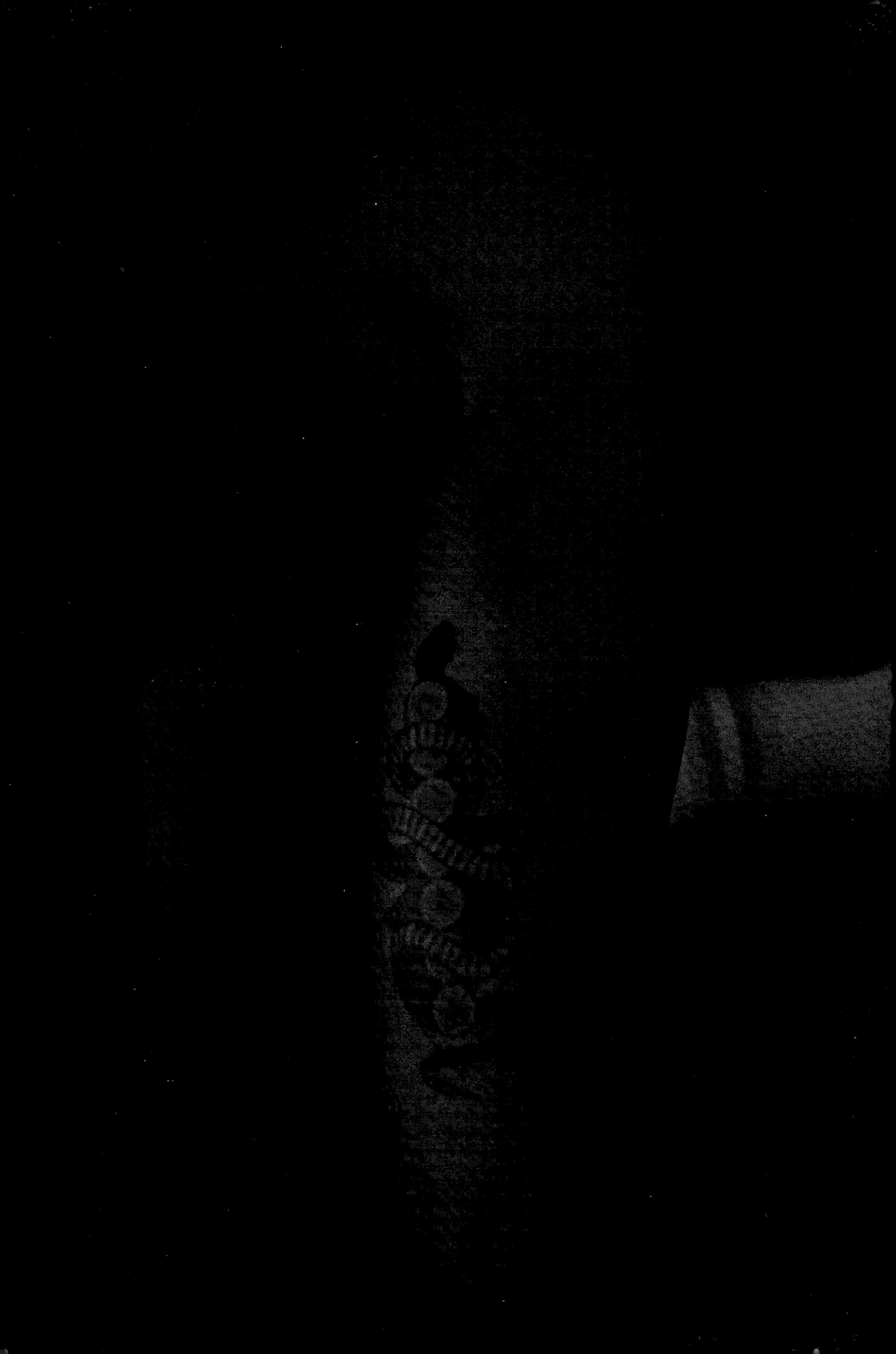

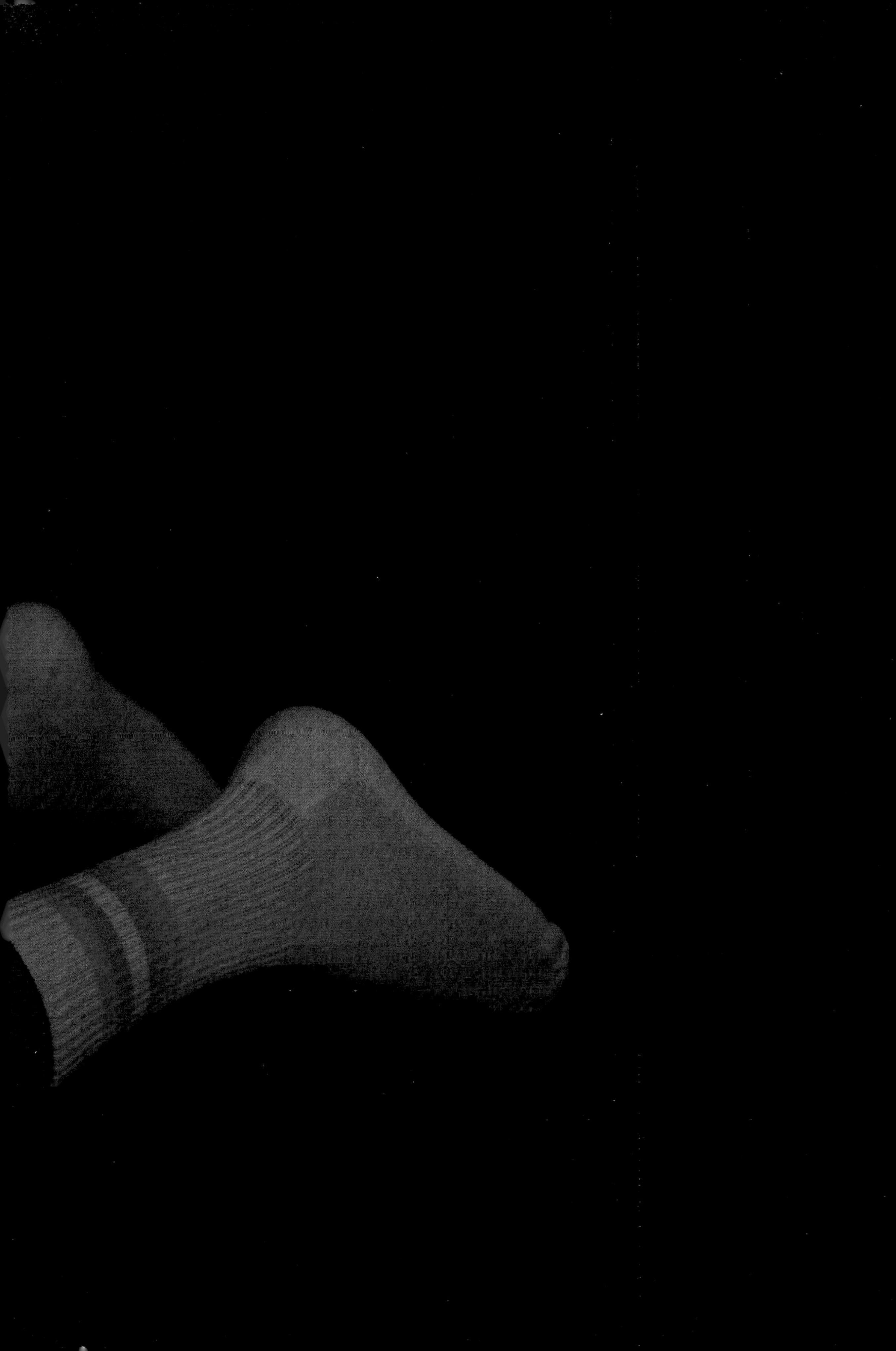

Bühnentexte

Du stellst dich auf die Bühne, beleidigst Personen oder ganze Gruppen und nennst das dann Kunst.

Bemühst die Persiflage eines schwulen Hitlers und spannst den Bogen von dort an über die Kuriosität von hellhäutigen Schwarzen bis hin zu verkleideten Triebtätern auf dem Frauenklo.
Unter dem tosenden Applaus der seichtesten Geister hier im Raum.

Du machst dich lustig über uns und zeigst uns damit unseren Platz an. Unwürdig, ernst genommen zu werden.
Und wenn wir dagegen aufbegehren, dann heißt es lapidar: „Komm, hab dich nicht so. Das ist doch alles nur ein Schmäh."
Aber der einzige Schmäh, den ICH hier sehe, der bist du.

Das Rezept für den gelungenen Witz ist denkbar einfach:
Lass alle Rücksicht links liegen und greif lieber in die rechte Trickkiste. Von dort holst du dir einen hohlen Kopf und entfernst mit einem Sparschäler jegliche Empathie. Danach löst du jeden Ansatz von Selbstreflexion heraus und würzt ihn mit Vermessenheit. Anschließend verfeinerst du das alles nach Belieben mit herbeigeschwurbelten Theorien aus zwielichtigen Internetforen oder den Erzählungen aus siebzehnter Hand.

Das ganze schmurgelst du dann in deiner Echokammer, gemeinsam mit Arroganz und in Stolz eingelegter Querulanz und das, was dabei rauskommt: ein konsistent-brauner Klumpen. Den trägst du dann wie einen Pokal vor dir her. Herzlichen Glückwunsch, das gar nicht so goldene Stück Scheiße gebührt ausschließlich dir.

Häng ruhig noch einen Haken dran und zieh dir eine Schlaufe um den Hals. Das Gewicht wird dir helfen, noch ein wenig tiefer ins Klo zu greifen, als du es ohnehin schon tust.

Du stellst dich auf die Bühne und beleidigst Personen oder ganze Gruppen und nennst das dann Kunst.

Doch was ich hier sehe, ist nichts anderes als Tölpelhaftigkeit, Inhaltsleere und Klamauk.

Unfähig, dich in die Lebenswelt derer einzufühlen, über die du gerade spottest, zementierst du Stereotypen, die an anderer Stelle mühsam wieder abgebaut werden müssen.
Du legitimierst damit die Abwertung des Andersseins, beraubst andere ihres subjektiven Gefühls der Sicherheit in einem eigentlich ganz angenehmen Rahmen und naturalisierst die Erhabenheit des genormten Mannes über den Rest der Welt.
Du machst einen Witz, der für dich so unendlich abstrakt und an den Haaren herbeigezogen scheint, dass du es lächerlich findest, aber vergisst dabei, dass das, was wenige hier nur hören, sehr viele da draußen jeden Tag zu spüren bekommen.
Und du beschmutzt damit diesen wunderschönen, privilegierten und bedeutungsvollen Raum, der dazu geschaffen ist, uns alle gleich sein zu lassen, obwohl viele von uns jeden Tag hören müssen, wie ungleich sie sind.

Du stellst dich auf die Bühne und beleidigst Personen oder ganze Gruppen und nennst das dann Kunst.

Bemühst die Persiflage eines schwulen Hitlers und spannst den Bogen von dort an über die Kuriosität von hellhäutigen Schwarzen bis hin zu verkleideten Triebtätern auf dem Frauenklo.
Unter dem tosenden Applaus der seichtesten Geister hier im Raum.

Du machst dich lustig über uns und zeigst uns damit unseren Platz an. Unwürdig, ernst genommen zu werden.
Und wenn wir dagegen aufbegehren, dann heißt es lapidar: „Komm, hab dich nicht so. Das ist doch alles nur ein Schmäh."
Aber der einzige Schmäh, den ICH hier sehe, der bist du.

Also stelle ich mich auf die Bühne und prangere dich an. Ich zeige mit dem Finger auf dich und lasse dich nicht länger so ohne Weiteres unkommentiert stehen.

Ich spanne meinen Spannungsbogen von der Simplizität deiner schlechten Scherze bis zum Kochrezept für ausgrenzendes Gedankengut und setze meine Fußnoten unter deine Ausführungen. Damit stelle ich mich zwischen dich und den tosenden Applaus der seichtesten Geister hier im Raum.

Und das steht dann eigentlich, auch ohne jeden weiteren Kommentar, ganz für sich alleine.

Bürger:innenmut

Schmallippig stehst du da.
Deine Schläfen pulsieren sanft, dein Kiefer knackt, während du deinen Ärger in kleine Stücke zerkaust,
um ihn anschließend hinunterzuschlucken.

Schweißperlen benetzen zusehends deine Stirn, die in Falten liegt, wie das Handgelenk eines frisch geschlüpften Kindes. Mit dem einzigen Unterschied, dass man dir nicht darüberstreicheln möchte, um zu betonen wie putzig du bist.

Im Gegenteil: Deine gewaltigen Erwachsenenhände haften geballt an deinen Armen; du drückst sie, nahezu unbemerkt, so fest zu, dass deine Fingergrundgelenke vollkommen an Farbe verlieren. Und auch in deiner Handfläche, die verborgen in deiner Faust verschwunden ist, sammelt sich zusehends Wasser.

Du vertrittst dir auf der Stelle stehend die Füße und stehst dir dabei fast die Beine in den Bauch. Unterdessen ertappst du dich dabei, wie du dir mit den Schneidezähnen die Haut von den Lippen schabst, obwohl du bis gerade eben noch davon überzeugt warst, diese ungute Angewohnheit schon längst abgelegt zu haben.

Zeit, dem allen ein Ende zu bereiten, bevor du zur Gänze den Verstand verlierst. Volle Konzentration jetzt, denkst du und bemerkst, dass Spannung das einzige ist, was gerade in dir aufsteigt. Wer hätte jemals gedacht, dass du so mutlos bist?

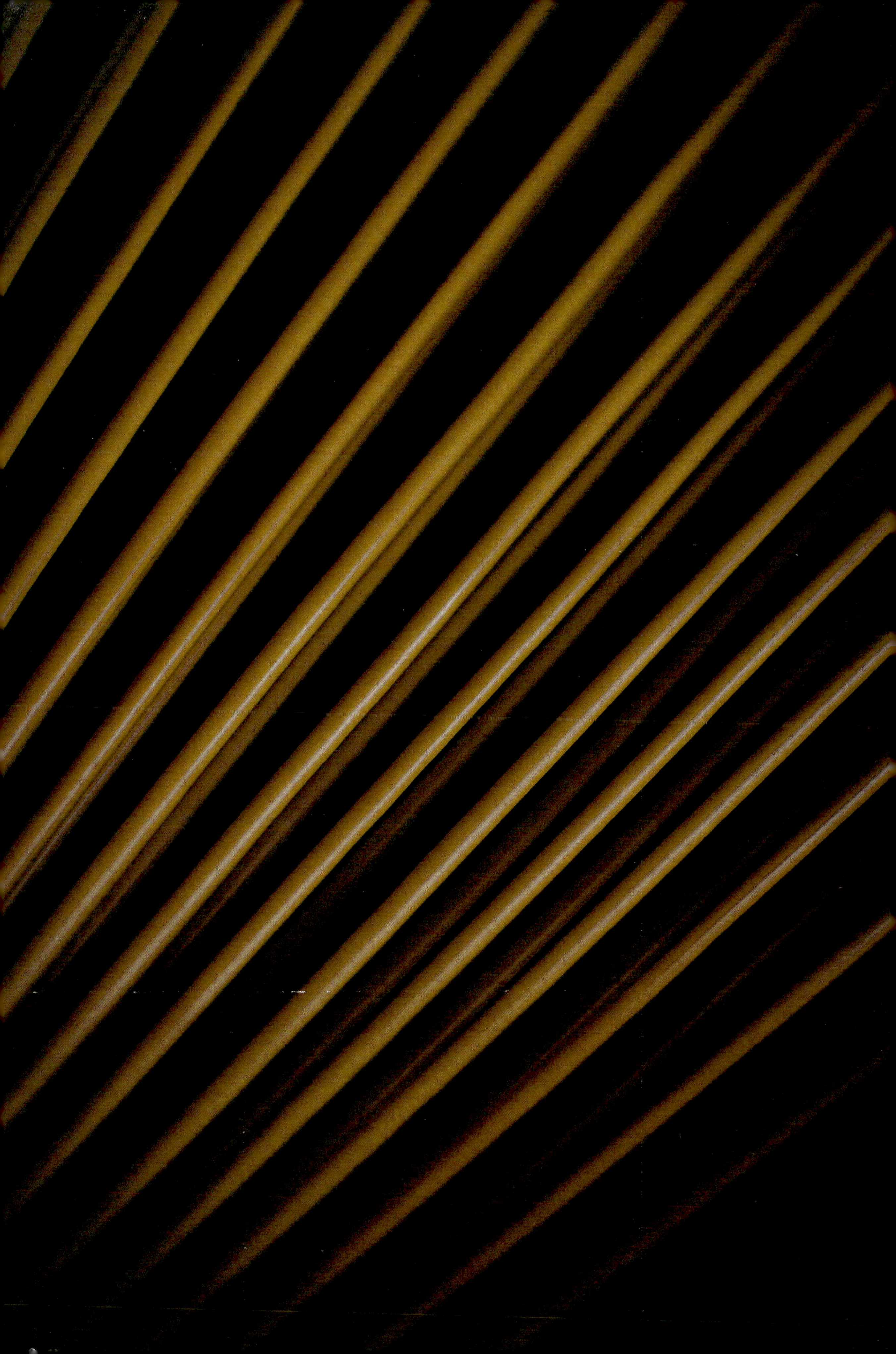

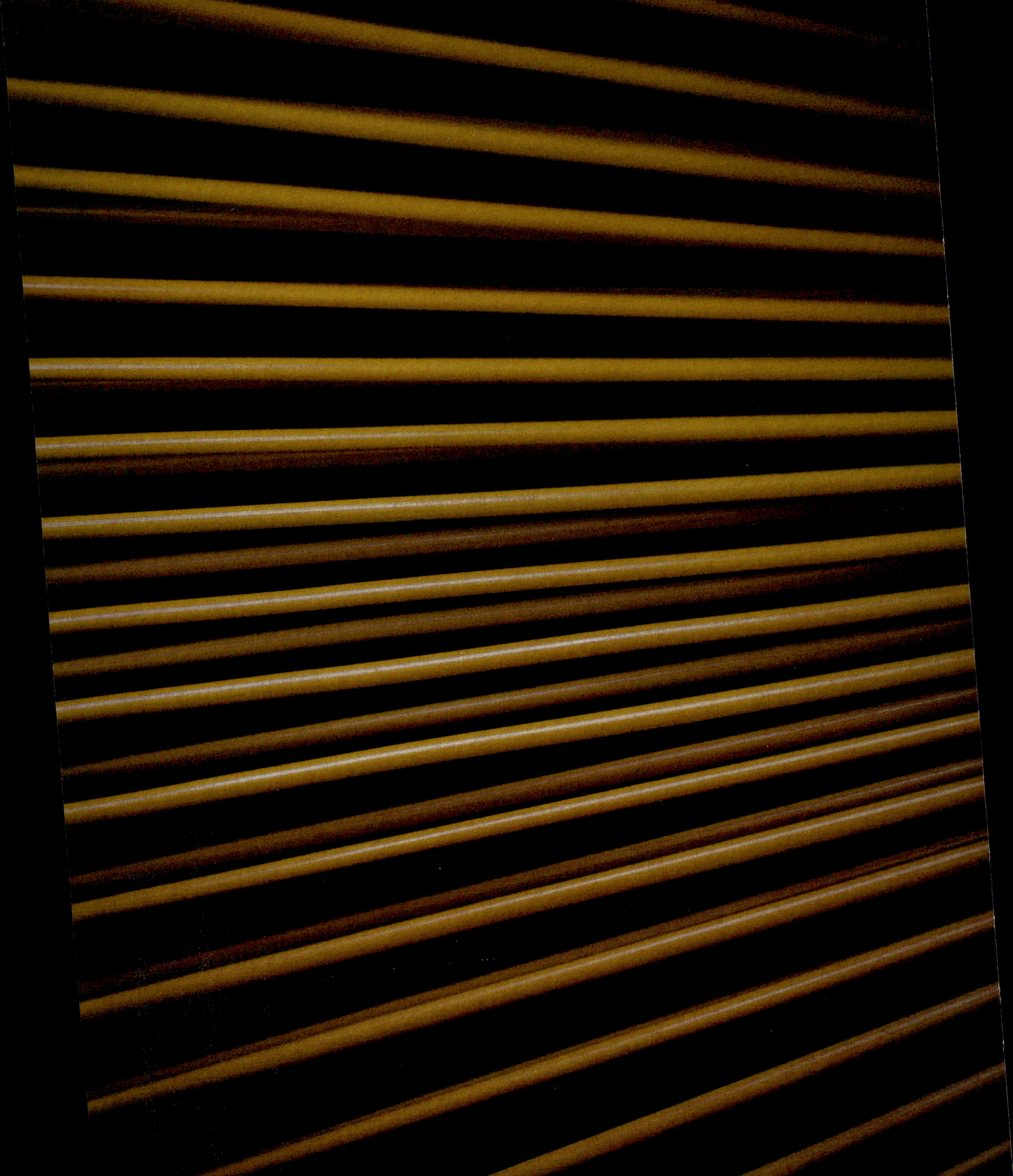

Also lässt du deinen Blick durch den Raum schweifen. Der Anblick der anderen bestätigt deine Vermutung: Du bist zumindest nicht der Einzige, dem es so geht.

Ein Kollektiv aus greifbarer Unruhe und unterdrückten Übersprungshandlungen ist es, was sich dir bietet, jetzt wo du dir erlaubst, dich umzusehen. Ratlosigkeit. Augenpaare, die sich überwiegend kreuzen, sporadisch auch treffen, nur um sich anschließend wieder mit verwunderter Miene in sich selbst zurückzuziehen.

Irgendjemand muss hier etwas tun, urteilst du, für das Wohl aller hier. Dein Geist wäre ja willig, aber der Körper bevorzugt, mit sich selbst beschäftigt zu sein.

Du öffnest deinen Mund und bringst gerade mal einen krächzenden Laut heraus, den du ganz zielstrebig gleich wieder in einem Räuspern aufgehen lässt und ärgerst dich über dich selbst und deine Verlegenheit, als du bemerkst, wie dieser Kerl mit der Lederjacke sich aufrichtet, um seine volle Körpergröße preiszugeben. Es wirkt, als wäre er innerhalb weniger Augenblicke um einige Zentimeter gewachsen. Er schüttelt sich genervt und du zuckst zusammen wie ein verängstigtes Kind, als ganz plötzlich direkt hinter dir die Stille zerbirst, sich auflöst, als hätte einer der hier Anwesenden den enormen Druck nicht mehr ausgehalten und seinen Ärger mit aller Härte in den Raum geschleudert.

„Zweite Kassa, bitte!", tönt es, während du darum bemüht bist, deine Gefasstheit zurückzuerlangen.

Ein erleichtertes Raunen geht durch die Menge. Irrst du dich, oder wollte die Dame mit dem roten Käppi gerade zum Beifall ausholen?

Es klingelt kurz und die Menge setzt sich in Bewegung. Du ergatterst einen der vordersten Plätze in der Reihe, die gerade dabei ist, sich zu bilden.

Nächstes Mal wirst du der sein, der den Mund aufmacht, überlegst du, als du deinen Einkauf zusammenpackst. Nächstes Mal wirst du Haltung zeigen, bist du überzeugt.

Beim nächsten Mal, denkst du, wird alles anders.

Hieb- und Stichfest

Ich mag vielleicht stark sein,
aber ich bin nicht wasserdicht
oder reißfest
und schon gar nicht bin ich kugelsicher.

Ich bin nicht davor gefeit,
in die Knie zu gehen,
am Abgrund zu stehen und herabzusehen
oder im U-Bahn-Schacht darüber zu sinnieren, wie es denn wäre,
mit meinem eigenen Körper den einfahrenden Zug abzubremsen.

Ich mag vielleicht stark sein,
aber ich bin nicht stichfest
oder schwer entflammbar
und schon gar nicht bin ich gegen Hagel oder Sturmschäden geschützt.

Ich bin nicht davor gefeit,
am toten Grund zu liegen,
mich ihm anzuschmiegen und mich in Frieden,
seelenruhig darin zu vertiefen, wie es denn wäre, würde ich
meinen eigenen Herzschlag mithilfe von Substanzen zur Gänze
und für immer ausbremsen.

Ich mag vielleicht stark sein,
aber manchmal bin ich nicht davor gefeit,
darüber zu nachzugrübeln, wie es denn wäre, wenn ich es nicht
wäre. Wie es wäre, am Abgrund zu stehen und herabzusehen,
nur um dann umzudrehen und mich im Anschluss wieder den
alltäglichen Dingen des Lebens zuzuwenden.

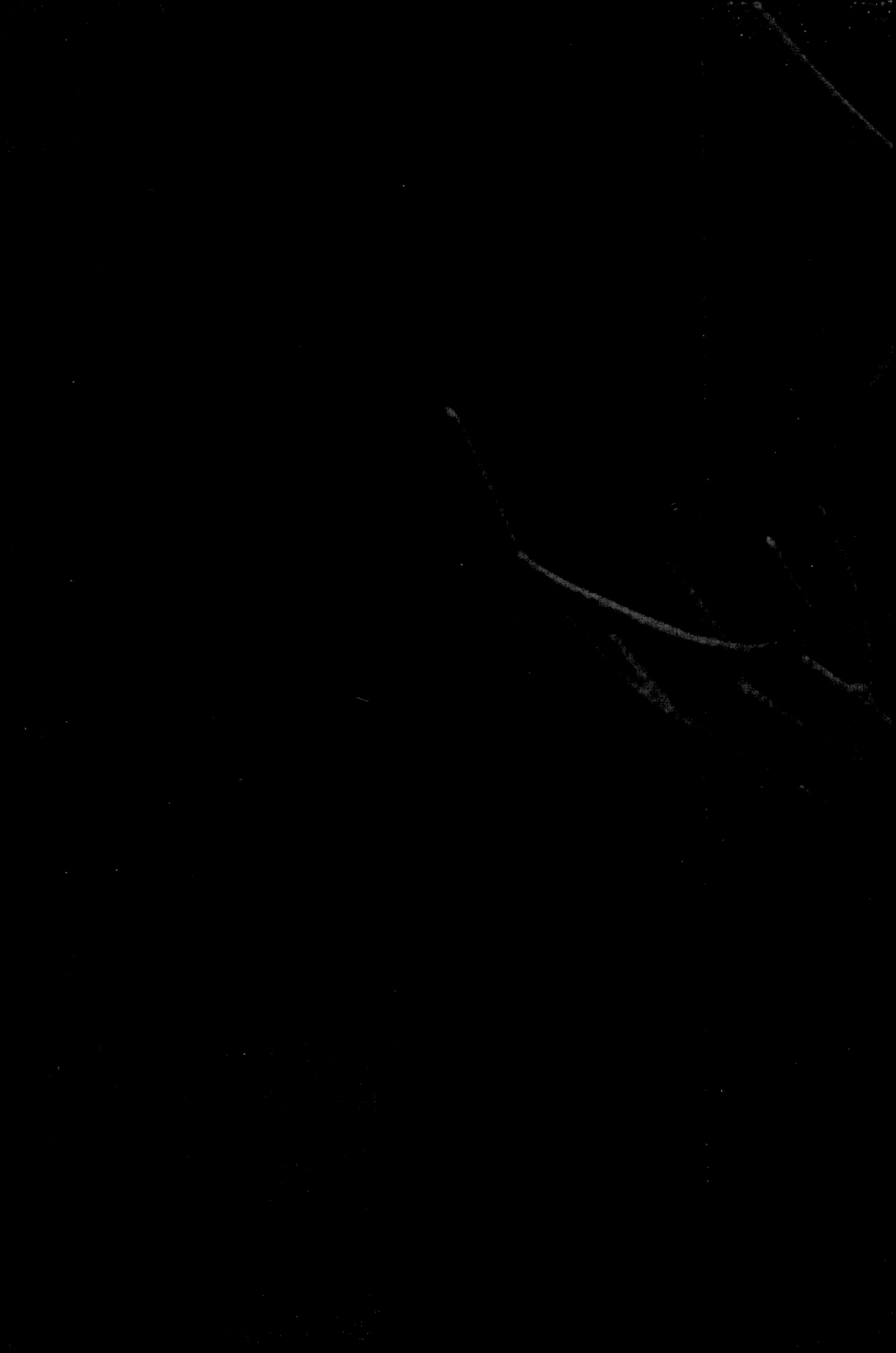

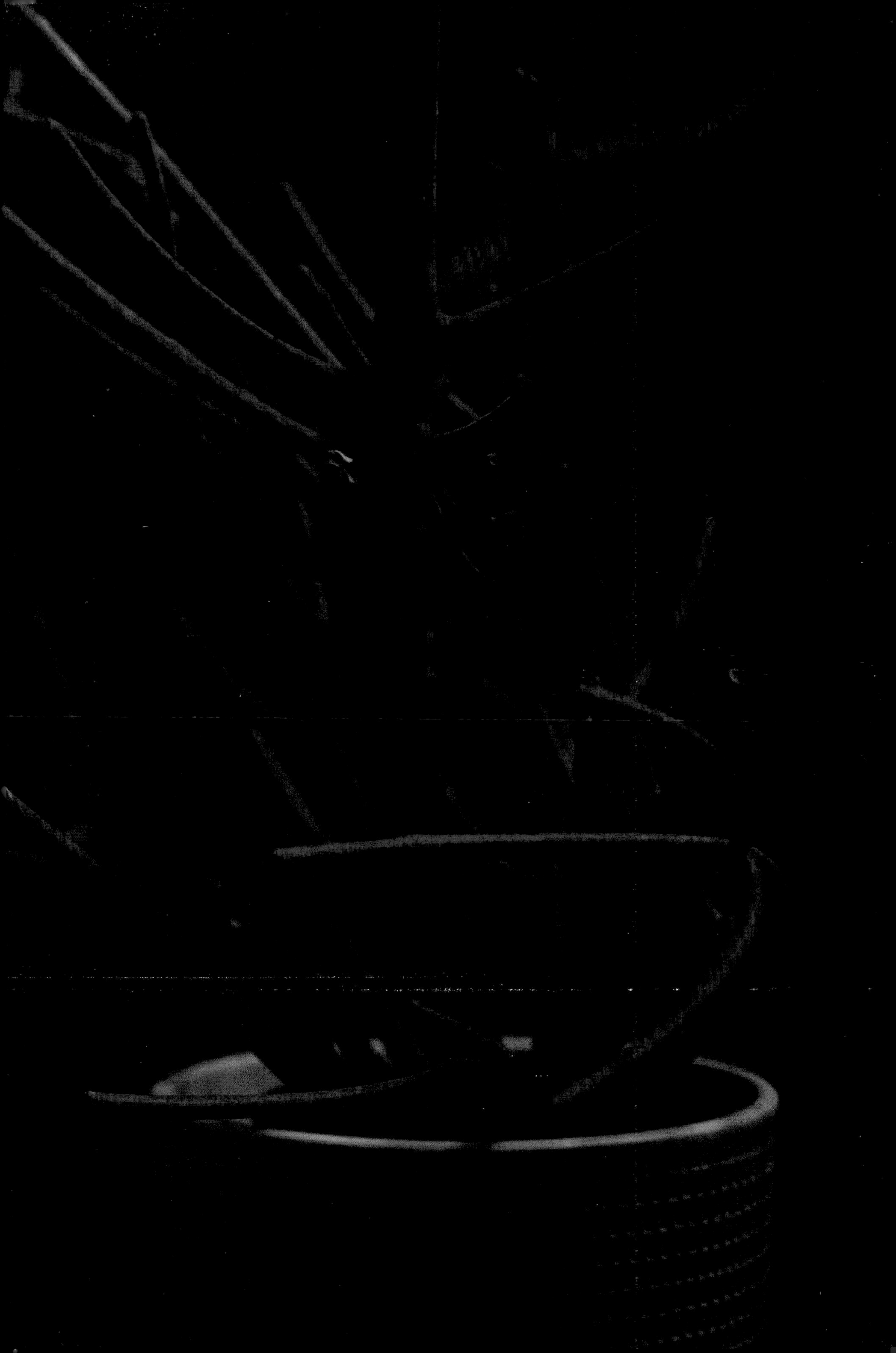

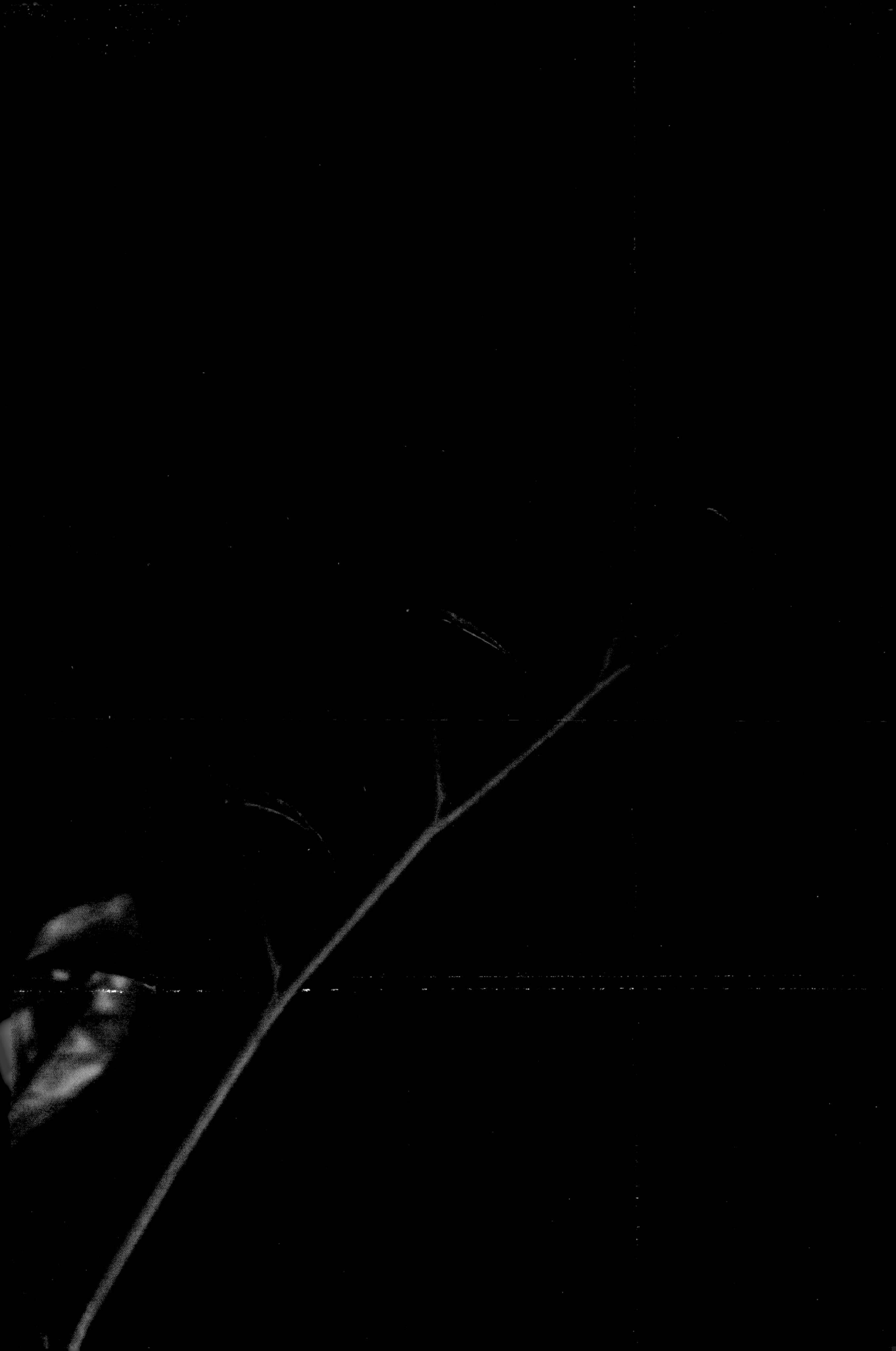

Unmut

Schwierig, schwierig.
Da ist er wieder, dieser Unmut.

Unterdrückt wird er größer, aber aushalten will ihn auch niemand so recht.

Stets nur am Keppeln, Kritisieren und Konstatieren.
Endlos am Differenzieren und dann hat er nicht mal den Anstand, einfach mal die Fresse zu halten, wenn er darum gebeten wird.

Er tritt auf Schlipse, stößt vor Köpfe, wo er kann, verärgert, verdrießt und vergrault, ohne Rücksicht auf Verluste. Er hängt sich fast den Kiefer aus, weil er sein Maul so weit aufreißt. Und das nur, um seinen Point zu proven.

Er stellt Fakten über Emotionen und stützt sich dabei auf Prinzipien. Wenige an der Zahl, aber aufragend und beständig wie die Gefechtstürme, die uns noch heute an die Auswirkungen der Vergangenheit erinnern sollen.

Er entkleidet fadenscheinige Argumente, enttarnt waghalsiges Halbwissen, bemüht moralische Maßstäbe, legt Finger in Wunden und rubbelt so lange darin herum, bis sein Gegenüber endlich entnervt aufschreit.

Dabei macht sich der Unmut doch nur dort breit, wo andere aus Scham lieber schweigen.
Er manifestiert sich dort, wo andere Ausschluss erfahren.
Er lässt sich dort nieder, wo andere nichts zu sagen haben.

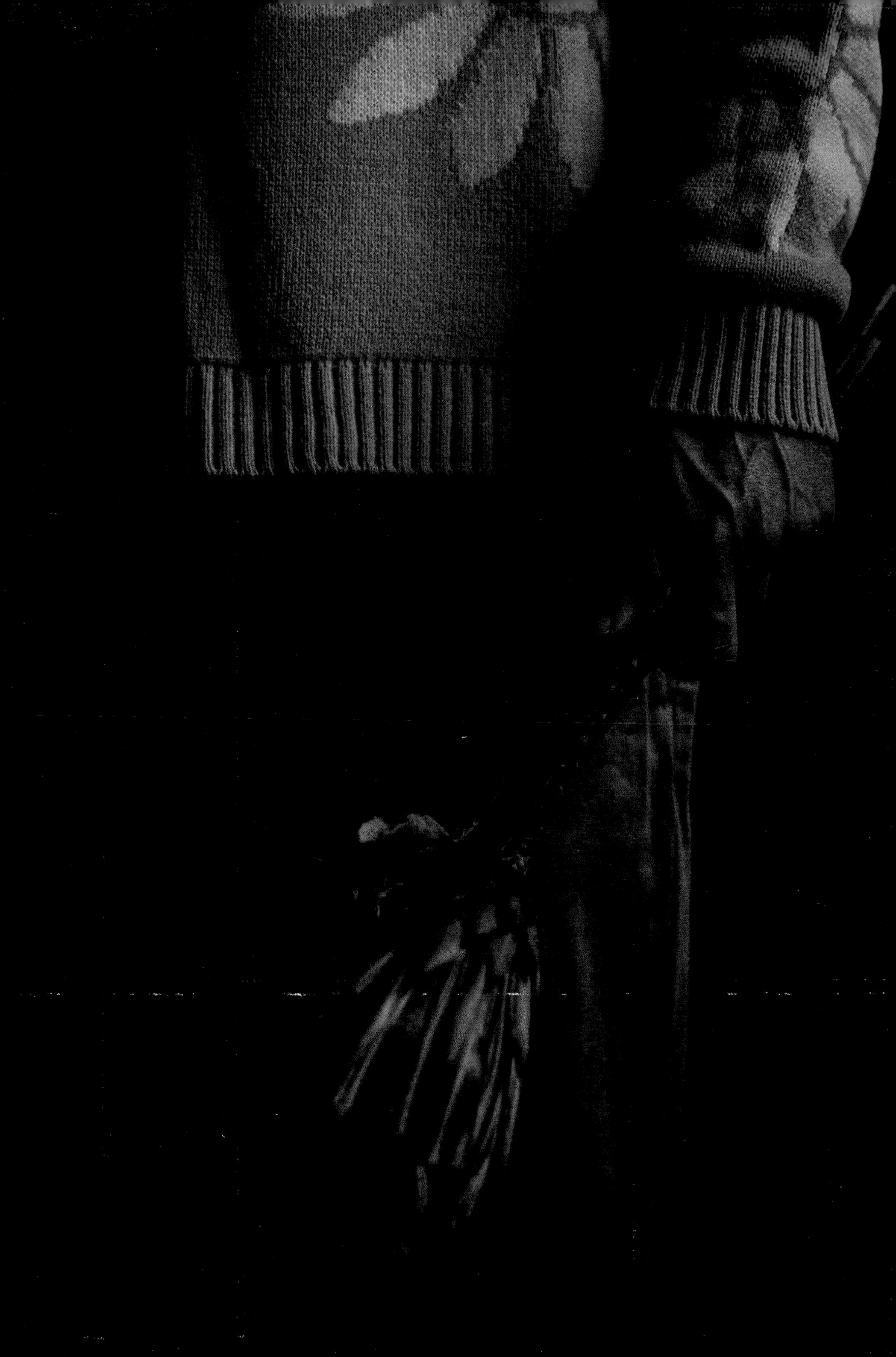

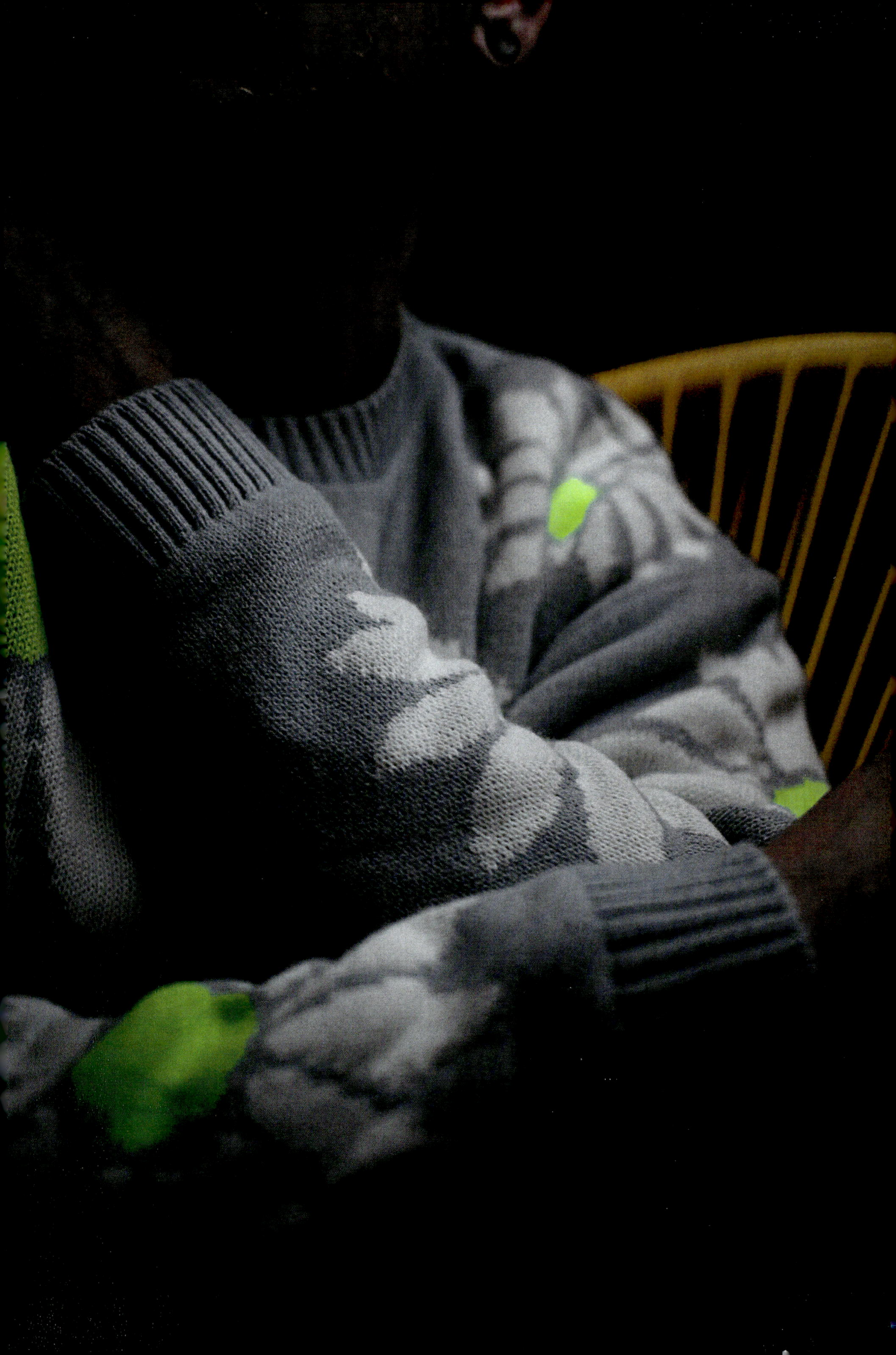

Der Unmut ist ein ganz und gar schwieriges Wesen, erzählt man sich. Und doch schenkt er Stimme, Gesicht und Repräsentanz und sieht ganz genau dorthin, wo andere betreten wegsehen.

Er ist unkontrollierbar, unbeugsam, schwer zu zähmen. Er ist kniffelig zu taxieren, er ist kaum zu berechnen und es scheint gar unmöglich, ihn korrekt zu kalkulieren.

Und obwohl er so viele Gesichter hat, entschließt er sich fortwährend nur sein Derbstes zu zeigen.
Zumindest auf den ersten Blick.

Denn würdest du dich darauf einlassen, ihm Raum zu schenken, sich zu entfalten und seines Amtes zu walten, dann würdest du womöglich auch die tiefliegenderen Facetten seines Wesens ermitteln. Du könntest ihn kennenlernen und ohne Vorbehalte beginnen, Vertrauen zu ihm zu fassen.

Gib ihm die Chance, sich zu beweisen und du wirst sehen:
Du wirst beginnen, ihn als loyalen Begleiter zu verstehen.

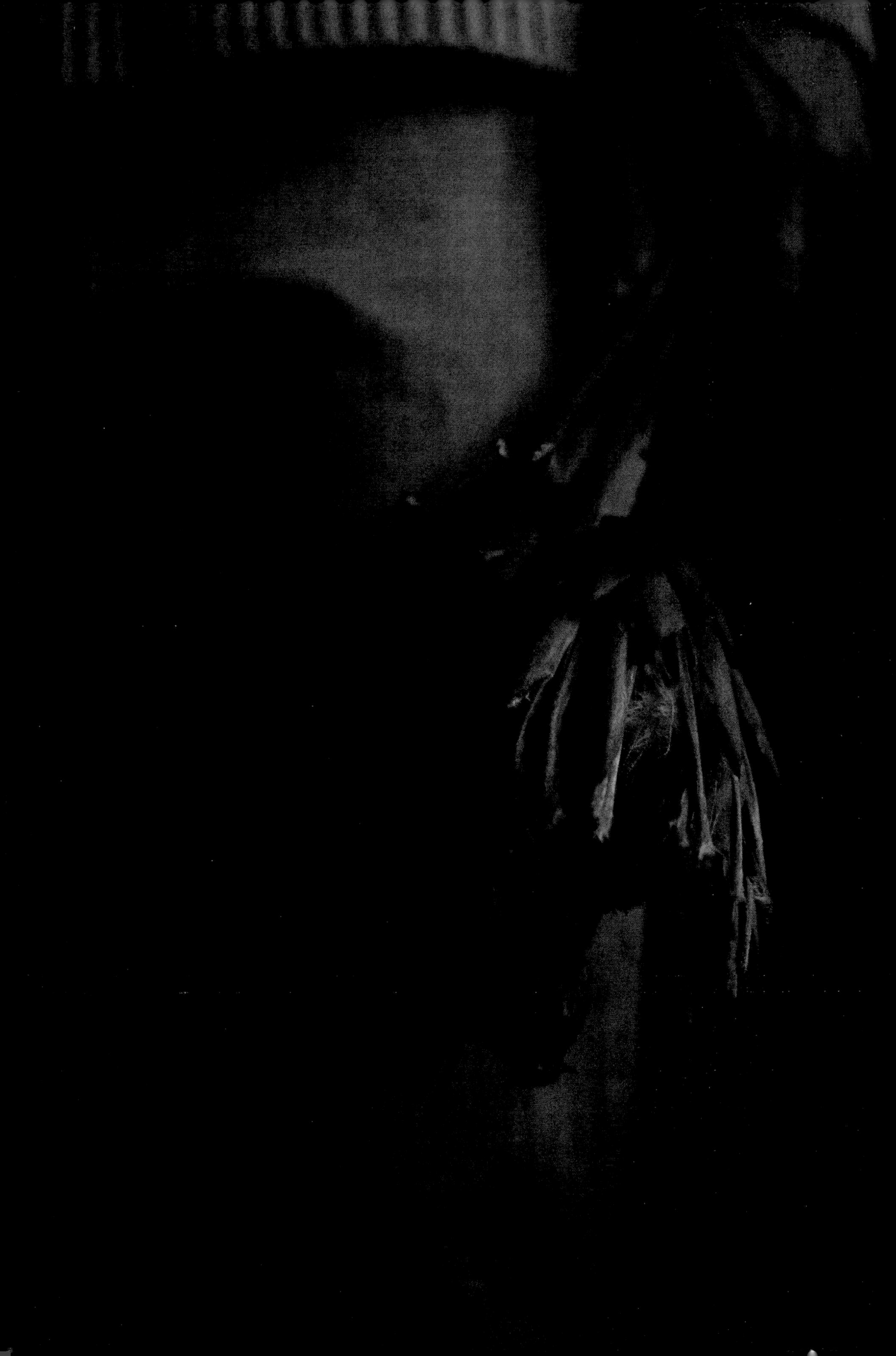

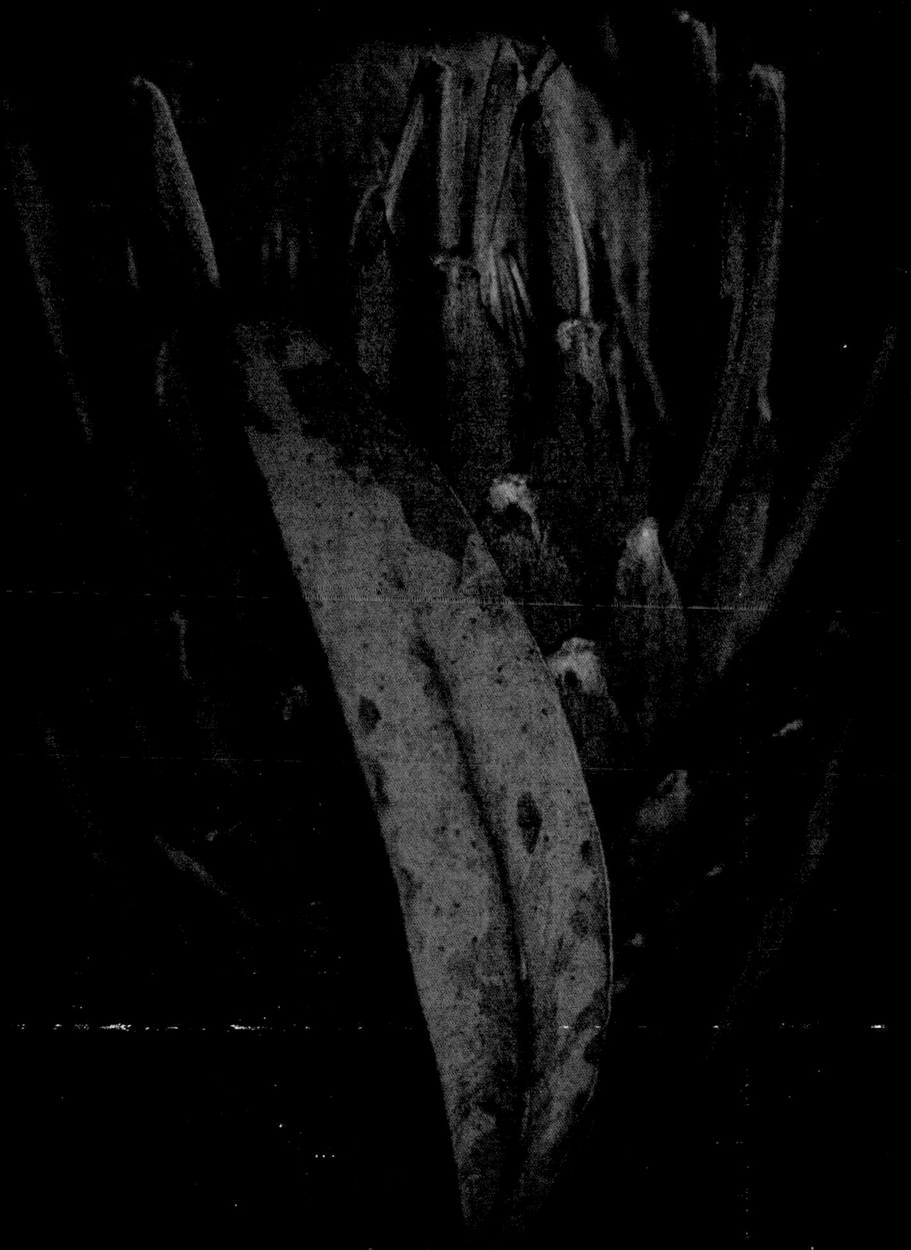

Maurice Graft ist hauptberuflich irgendetwas Soziales und arbeitet nebenher als Texteschreiber, Spoken-Word-Artist und Fotograf.

In seinen Arbeiten thematisiert er verborgene Prozesse und subtile Vorgänge innerer Welten, die er ungefiltert nach außen kehrt.
Tabulos kritisiert er dabei gesellschaftliche Normen und feiert ihre Entrückung.

Seine Texte, in denen er zart besaitet und etwas empört einen Fingerzeig darauf gibt, wie divers sich gelebte Realitäten gestalten können, illustriert er mit fotografischen Werken, welche durch ihren stets dunkelbunten Unterton gekennzeichnet sind.

unmut

/Únmut/

Substantiv, maskulin [der] GEHOBEN
durch Enttäuschung, Unzufriedenheit
o. Ä. hervorgerufene Verstimmtheit